人生に主導権を取り戻す90分の授業

Brand new perspectives
Paired with intuitive instructions
A series of 90 minute classes
to take more initiative in your life

prologue

こんにちは。高橋ひでつうです。この本を手に取ってくれてどうもありがとう。この本では俺が大学や専門学校で講義してきたことを中心に、いまの時代をうまく乗りこなし、「人生に主導権を取り戻す」ためのヒントを盛り込んでいます。

主導権ってなに？　自分の人生なのに？　と思うかもですね。自分を世間からコントロールする方法と言ってもいいかもしれません。

スマホでインターネットやＳＮＳ（ソーシャルネットワークサービス）へ24時間つながり続けているいまの時代は、たくさんの情報が流れ込んできて、うっかりすると振り回されてしまうことがあります。目の前にご飯屋さんはたくさんあるのに、グルメサイトでの評判が出てこないので、どの店にも入る勇気が湧かないときのように。

コントロールが効いていない状態というのはすごく危険です。荒波の中を裸で泳いでいたり、お化け屋敷の中を懐中電灯も持たずに歩いているようなもので、あちこちに流されるし、どこへ進んでいいのかさっぱり分からなくなって、恐怖も倍増。

だけどそこに、サーフボードがあれば荒波を楽しむことができます。懐中電灯があれば暗闇でも道が見えてきます。そりゃ、ちょっとは怖いだろうけど、道が見えているというのはずいぶんマシです。

もちろん、人生に「これが正解！」というものはないです。だけど、何か不安に感じていることがあるときや、戸惑っていることがあるときに「こんな話もあったな」程度でいいから、この本に載っていることをヒントにしてみて欲しいです。

波にのろうとする時

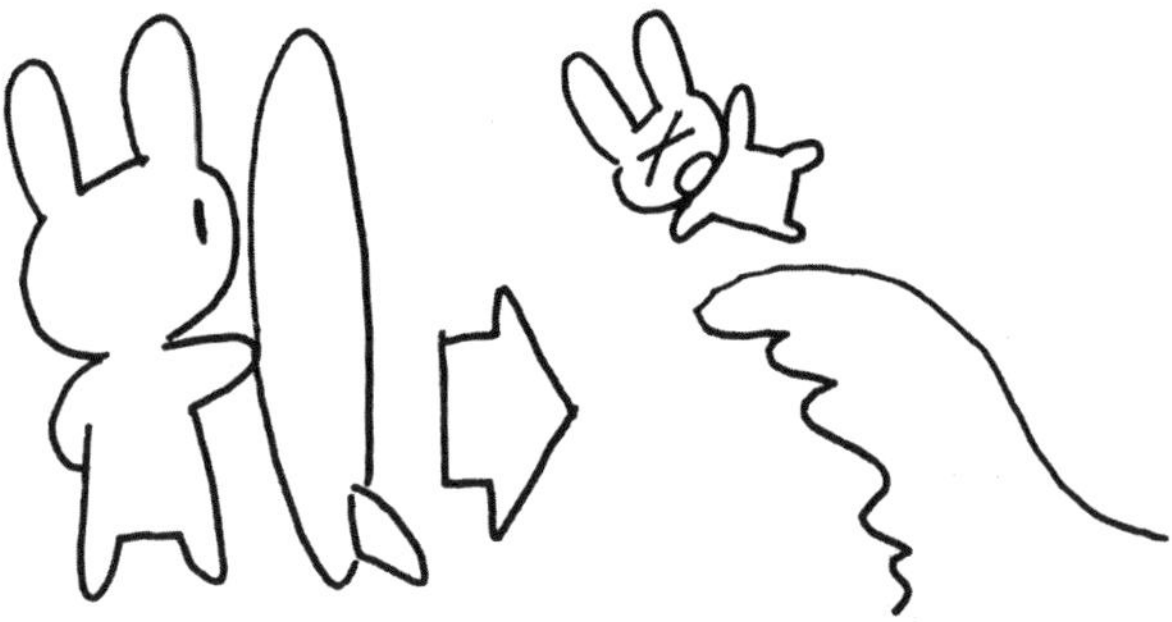

サーフボードはあった方がいい

それでは授業を始めます。

chapter 1

まずは僕らを取り巻く世界を見渡してみよう。それは、スマホでマップをつまんで、ぐぐっと縮小させるようなこと。目の前の道しか見えていないときに道案内ができないように、まずは視野を広げて。

chapter2

ＤＪはたくさんの曲を混ぜて、つなげていくことで新しい音楽を作り上げていく。思考も同じ。聞き飽きた音楽が新鮮に聞こえるように、考え方を少し変化させると、新しい世界は目の前に開けていく。

chapter3

止まっているときよりも動いているときの方が雨風は強く感じられる。だけど、それこそが動いている証拠なんだ。上手に切り抜けて、まだ見たことのない世界へと進んでいこう。

エピローグ

まずは僕らを取り巻く
世界を見渡してみよう。
それは、スマホでマップ
をつまんで、ぐぐっと
縮小させるようなこと。

目の前の道しか見えて
いないときに道案内が
できないように、まず
は視野を広げて。

chapter 1

chapter1

01

知識よりも知恵を持つことを考えよう

僕らが生きている時代について考えてみましょう。それはたとえば、スマホでルート表示をするときにマップを大きくしたり小さくしたりするように、視点を動かした方がきちんと見渡すことができるから、まずは大きく俯瞰《ふかん》してみます。

いま僕たちは「情報革命」という革命のまっただ中の時代に生きています。誰でも簡単に情報を手に入れることができる、人類の歴史上で初めての時代です。簡単に言えば、インターネットやソーシャルメディアの時代ってこと。

ほんの少しだけ昔のことを思い出してみましょう。なにか分からないことがあっても、すぐに答えは見つかりませんでした。戸棚の奥から百科事典を引っ張り出したり（百科事典が自宅にあるのは憧れでした）、学校の図書館へ行って調べていました。だけど、いまならスマホで検索すればほとんどすべてのことがすぐに分かります。1秒もかからずに何千件もの結果が返ってきます。

「分からなければ検索する。そうすれば分かる」

これはすさまじい変革です。そして同時に、個人個人がアタマの中に記憶している「知識」の価値が急激に減っていきました。知識はインターネットでみんなが共有する時代です。たとえば、料理をするときに調理方法を記憶していなくても、調べればいいだけになってしまいました。

01 知識よりも知恵を持つことを考えよう

情報革命の時代とは、**知識に価値がなくなった時代**です。そんな時代に僕らは生きています。

知識に価値がなくなったために、「物知り」だけじゃ自慢できなくなりました。「生き字引」なんていう言葉もあったけど、いまやスマホさえ持っていれば全員が生き字引になってしまいます。詰め込むだけの教育は意味がなくなりました。

いまの時代に大切なのは、その知識を使いこなす「知恵」です。「こんなことを知っている」じゃなくて、「こんなことを知っているから、こんなことができる」という応用力の方です。

ジェームズ・W・ヤングのベストセラー「アイデアのつくり方」の中では「アイデアとは既存の要素の新しい組み合わせ以外の何ものでもない」と書かれています。

たとえば、明太子スパゲティ。「明太子」というおいしいものと、「スパゲティ」というおいしいものを組み合わせたことで生まれました。これ、実は「うまいものとうまいものを組み合わせたら、当然うまい」というシンプルな答えだけど、「明太子」を知らないイタリア人には作り出せないものでした。

知恵を使うことができれば、インターネットでアクセスできる無尽蔵の知識を組み合わせて、たくさんの新しいものを作り出すことができます。これはものすごくチャンスのある時代といえます。

その一方で、知識と正しく付き合うことができないと、その知識に振り回されてしまう危険な時代でもあります。まわりにご飯屋さんはたくさんあるのに、どのお店の評判もネットで見つからないから入ることができない、そんな状態になってしまったり、不要な知識が入り込んで来て、考えなくてもよいことに悩まされることがあります。

知識よりも知恵が大切な時代。それが、いま僕らが生きている時代です。

あなたが今日身につけたのは、知識ですか？　知恵ですか？　友人がシェアしてくれたのは、どちらですか？

「知識」より「知恵」の時代

chapter1

02

理解よりも把握するように心がけよう

02 理解よりも把握するように心がけよう

皆さんはいま、自分やまわりの状況に満足していますか？　たとえば、友人関係や仕事関係、さらに世界情勢や世の中の流行などいろんなこと。

無尽蔵の知識が共有される時代になったため、毎日ものすごい量の情報がやってくるようになりました。ニュース、メール、メッセージ、SNS・・・。

そのひとつずつに、ムカついたり、心配したりしていませんか？

以前の俺はそうでした。

たとえばそれまでは、世間で売れている音楽が許せなかったんです。

俺の感覚からしたら、どう聴いてもダサイものが売れてるのにムカムカしてたんです。世間という、身近にありながら見えない世界にムカムカしまくっていました。

でも、そこで俺がムカついても何もいいことはありませんでした。そこに気がつくまでにずいぶん精神力と年月を使ってしまったけど、あるときからムカつくことに対しても「そういうもんなんだ」と、把握してみることにしました。そして、そのムカつく対象から自分に役立てられそうなエッセンスを抜き出すことにしました。

理解しようとするのは大変。ムカつくヤツと仲良くしようとしても、なかなかできないものです。だから、「こういう人なんだ」って思うようにしました。**理解より把握**することにしました。把握した内容に納得する・納得しないはどっちでもいい。納得できなくても、把握さえできれば十分。

情報革命のいまの時代は、ものすごい量の情報がやって来ます。たくさんの人と出会います。友だち1000人とか、数十年前には考えられなかったことです。その情報のひとつずつ、意見のひとつずつを「理解」しようとしていても追いつきません。人間の脳はずいぶん長い間変化していないので、どこかで歪みを生じます。

興味のあることもないことも「把握」しましょう。そこから、自分に必要なことだけ取り入れればいいんです。正解を選ぶのは自分です。

さらに、「把握する」ことで新鮮なアイディアを生み出すことができます。「理解」はエゴを伴い、他者に対しても自分に対しても苦しみを与えてしまいます。

「そんなドライな関係は寂しい」と思うかもしれない。「私のことを理解してよ！」と思うかもしれない。だけど、把握するっていうのは、言い換えれば「認めてあげる」っていうことでもあります。「あげる」っていうとちょっと上から目線だけどね。世界紛争から恋人同士のケンカまで、争いごとは「相手のことが理解できない」ことが発端になっているのがほとんどです。お互いがエゴを出し合っている状態です。

「みんな」の中に「私」がいるでは疲れちゃいます。「みんな」と一緒の「私」がいるのもムリが生じてきます。「みんな」がいて「私」がいる。それでいいじゃないですか。「みんな」と「私」は同一じゃないけど、同等です。

何かを迷っているとき、理解しようとしていませんか？ 理解よりも把握する。まずこれを心がけてみてください。そうすれば、自分自身のことも、他人のことも、世間のことも、認めてあげられます。

その中から、いいところだけを取り出して活用してみましょう。ムカつく相手は踏み台にすればいいんです。

理解しようとするから
苦しくなる

chapter1

03

お金を怖がらずに愛だと考えてみよう

みなさんの夢は何ですか？　「私はお金持ちになりたい！」と胸を張って言える人は、なかなかいないと思います。「愛されたいです！」も、ちょっといなそうです。「自分の作品を認められたいです！」なら、カッコよさそうですね。

だけどこの3つ、実はほとんど同じです。**お金というのは愛の大きさを計る「モノサシ」です。**

たとえば、有名アーティストや大企業の経営者って、みんなお金持ちだよね。ひとつの作品が数百万とか、デザイン料や写真1枚が数十万とか、ザラにある話です（もちろん、キャラ作りのためにお金持ちっぽさを隠している人も多いですが）。では、なんでお金持ちなんでしょう？　それは、たくさんの人に好かれているから、愛しているから人はお金を払うんです。会社も「この人にはウチにずっといて欲しい」と思うから、高い給料を払うんです。

世界統一基準でヒトやモノ、サービスを評価するのは、お金しかないです。お金によって、愛され度が分かります。愛されているからお金が集まるんです。お金と引き換えに、CD、マンガ、小説を買う。ライブやクラブや握手会などの体験を買う。たとえば、1000円の本を買うために1時間働いたり、500円のニコニコプレミアムのために30分働くというのは、自分の時間を捧げているわけですよね、その対象に対して。

これは厳然たる事実です。だから、お金を怖がったり、遠慮することはありません。もらえるときにはしっかりもらって、もらえないときには「愛されていないんだな」と嘆きましょう。

「えー、そんなの言ってもカネ目当てなんて汚いじゃん」と思うかもしれない。汚いカネなんてありません。汚い稼ぎ方と汚い使い方はあります。お金を稼ぐこと、お金を増やすこと、お金をもらうことから逃げないでください。卑屈にならないでください。それは、愛です。

たとえば愛犬が病気になったとき。お金があれば病院へ連れて行けます。失恋したときもココロを癒やす旅に出ることができます。家のトイレが詰まったとき、雨漏りしたとき・・・お金があれば、簡単に解決できます。俺はお金というのは、人を幸せにするものだとは決して思っていません。でも、お金にはひとつだけ絶対不変のルールがあります。それは、多くの人が言明していますがかなりの量の「不幸を回避」することができるというものです。

この事実をうやむやに誤魔化して、給料を支払わずにインターンをさせようとする会社には注意が必要です。「そばにいられるだけでも勉強になるでしょ？　人脈もひろがるし、財産になるよ」というようなことを言われたとしても、労働をしたなら給料をもらわないと、なにか不幸があったときに回避することができなくなります。

決してタダ働きはしないでください。それは、愛されていない証拠です。愛されていない人はどうなるのか。搾取されて捨てられてしまいます。

フリーランスでギャラを請求するときも「この人は自分のことをどれだけ大切にしてくれるのかな」と想像しながら、請求してみましょう。

仕事のやりがいを感じられなくなってきたときにも、お金があれば不幸を回避できるんだと思い返してみましょう。

愛を集めて、誰かのためにまた愛を使う。素敵じゃないですか。

カネは愛のモノサシ

chapter1

04

生きていくためのコストを計算しよう

お金を怖がることはありません。**お金は愛のモノサシ**です。だけど、愛情が愛着になると面倒なことが増えるのと同じで、自由に自分らしく生きていたいなら、お金に縛られずにお金から自由でいられるようにしてみましょう。

まず、自分が生きていくために必要なコストを計算しておくことから始めます。家賃や食費、学生だったら学費などの金額を生活コストとして把握できていれば、その金額以外は自由なお金ということになります。生活コスト数ヶ月分の貯金が作れたら、数ヶ月は仕事をせずに趣味に取り組むことだって可能ってことです。

夢（ロマン）とお金は切り分けておいた方が生きやすいです。そこが切り分けられていないと、中途半端なロマンを夢見ながら中途半端なお金を稼いで、時間だけが過ぎていく危険性があります。

「実家暮らしじゃないのでお金が貯まらない」という話はよく聞きます。だけど、ひとり暮らしならアイデアで自由な応用を利かせることができます。だいたいにおいてひとりの方が主導権は発揮しやすいです。

俺も以前、引っ越しをしなくちゃいけないときに、本当にお金がなかったことがありました。そして、あんまりひとりで家にいたくなかった。なので、普通にひとり暮らしをするんじゃなくて、あえて広い部屋を借りて、空いている場所をホームパーティースペースとして貸し出すことにしてみました。

もちろん家賃は高かったけど、貸出料で賄えていたし、なにより常に自宅に誰かがいる（そしてパーティーをしている）という楽しさと、残り物の食事にありつけるおかげで生活コストを激減させることができました。ただ、パーティー三昧な日々をしばらく続けていたら体を壊してしまったのだけが想定外でした（笑）。

いまだったらＡｉｒｂｎｂみたいな部屋貸しサービスもあるし、シェアハウスだってたくさんある。アイデア次第でいろんな応用ができる時代です（事前に大家さんの許可をもらおうね）。

あんまりいい歳してからヘンテコな生活をするのはみっともないけど、若いうちならシャレで済ますことができます。自由のために工夫をする、なにかガマンしてみるというのはとても大切です。

家賃なんて下がらない、水道光熱費も下がらない。本当にそうでしょうか？　そこに、なにか楽しいキッカケが隠れていないか、考えてみましょう。知恵を使ってコントロールしてみましょう。

自分が精一杯ジャンプしたときに2メートルは飛べるということが分かっていれば、2メートルの谷があっても怖がらずに飛び越えられます。反対に5メートルの谷があったときにも、無謀なジャンプをして失敗してしまうことはありません。

それが分かっていないままでは、どんな谷を見ても怖くなるし、失敗をするリスクがとても高くなります。

「学生だから関係ないや」と思わないでください。学生のうちは、授業料を授業の時間で割り算して、ひとつの授業あたりのコストを算出しておきましょう。だいたい1コマ3千円程度だと思います。1日の授業サボリがどれだけ損をしているのか気づくと（1日4コマなら校門をくぐった瞬間に3千円×4コマで1万2千円）、授業を大切にできるようになりますよ。

遊ぶ金欲しさに犯罪をしたら絶対ダメだけど、遊ぶ金欲しさに工夫をするのは、とても意味のあることだと思います。

夢（ロマン）とお金は
切り分けておいたほうが
生きやすい

42

chapter1

05

楽しい人から楽しいのを学んでみよう

「人生を楽しく生きたい」というのは、シンプルで分かりやすい願望です。その一方で、情報に振り回されすぎると、自分は何が楽しいのかを把握することができず、気がついたらいつもみんなで騒いでいるだけで、よく分からないまま時間を過ごしていた、ということになる危険性があります。

履歴書の「趣味」の欄とか、困るよね。

「あなたはどうしたいの？」とか「10年後にはどうなっていたいの？」という質問。キツイよね。なかなか即答できるものじゃないよね（型にハマったお行儀のよい回答ならともかく）。

さらに、「あなたがどうしていたいのかは、あなた自身で考えてみなさい」なんて言われた日には、ずいぶん放置された気になってしまいます。

学生のころには比較的分かりやすい基準がありました。勉強してテストで100点を取ればいい。運動をがんばって全国大会を目指せばいい。

だけど、オトナになったときにふと「これでいいんだっけ?」と思ってしまう瞬間が、必ず一度はあります（ない！　という人はとてもラッキーです・笑）。

楽しく生きるためのヒントをいくつか書いてみます。

もし、あなたのまわりに憧れるような存在だとか、すごく楽しそうに過ごしている人がいるなら、その人がどんなことを考えて、どんな日々を過ごしているのかをマネしてみましょう。ギターがうまくなりたい人がコピーバンドをやるように、思考やライフスタイルをコピーするんです。

まずは情報収集として、その人がフォローしているSNSのアカウントを自分でも片っ端からフォローしてみましょう。もし本を書いているのなら、片っ端から読んで、その本に登場する場所へ実際に行ってみましょう。

活字が苦手なら、いま、いろんなライフスタイルのエッセイや体験のマンガってあるじゃないですか。オトボケ主婦の毎日とか、外国人のカップルとか。アマゾンで「コミックエッセイ」って検索してみるといっぱい出てきます。コンビニでよく売っているマンガでわかるナントカみたいなのもいいですよね。

そういうのを読むと、たとえば「イラストレーターやりながら主婦業って両立できるのかな?」とか、「海外で暮らすってどういうことかな?」というのが、気軽に疑似体験できるので、人生の先を垣間見ることができます。その中からいいところだけを吸収してみましょう。

そして、楽しく生きるためのシンプルな方法は、楽しい人をまわりに配置するということです。バカな人という意味ではないですよ。この人と一緒なら楽しいなという人とだけ付き合い、SNSでもこの人の情報は楽しいなというものだけを表示させる（フェイスブックの表示は簡単にオン・オフできるから、面倒くさい内容を投稿しまくる人はオフにしておくべきです）。

情報革命後の時代はたくさんの人とつながっています。その全員の悩みやグチにつき合えるほど、あなたの人生はのんびり作られていません。楽しい人を選んでいかないと時間だけを消耗してしまいます。

ギターだってファッションだって、みんな最初は誰かのコピーです。楽しそうな生き方も、楽しそうな人から学んでみましょう。

最初はスゴイ人に乗っかろう

chapter1

06

性格は変わらないから把握してみよう

06 性格は変わらないから把握してみよう

若い子たちから「自分の性格がキライです」というお悩み相談をよく受けます。

たとえば、追い込まれないと始められない、集中力が続かない、自分に自信が持てない、時間を守れない・・・。

まず、**自分の性格を悩むのはやめましょう。それはもういまさら変えられないですし、変える必要もないです。**そこを悩んだり、変えようと努力をするより、その性格とどう向き合って、付き合って、攻略していくかを考えてみましょう。

クリアするのが難しいゲームがあっても、そのプログラムを改造しようと考える人ってなかなかいないよね。攻略方法を編み出したり、攻略本を買ってみたり、RPG（ロールプレイングゲーム）みたいにパーティーを組めるゲームだったら、より強い仲間を探してみたりするよね。

性格だってそれと同じです。攻略方法を編み出すのと、仲間を探す方が確実にクリアに近づけます。

たとえば、追い込まれないと始められないのなら、追い込まれる環境を用意しておけばよいです。すぐに逃げ出せない環境で自分を追い込むんです。図書館の自習室とか、コワーキングスペースとかをリストアップしておいて、最後はそこでカンヅメになる。どうせ追い込まれないと始められないんだから、日程に余裕がある間は心配せずに遊んでおいても大丈夫です。

集中力が続かないなら、ネットの回線を切る時間を決めて、まわりにも伝えておく。なるべく余計なものを減らしておけば、仕方なく集中していきます。仕事のプロジェクトでも日常の暮らしでも、だいたいにして「多すぎる」んです。

自分に自信がなく、つい考え込んでしまうなら、SNSを見るのはやめましょう。ネットの世界では、悪口の方が大きく見えてきます。少しでも「自分をブレさせる」要因を消しておくんです。

ネットでは少数の声が
大きい悪口が目立つ
（だからビビらなくていい）

chapter1

07

ひとりならつながりやすいのを知ろう

俺はＡＤＨＤ（注意欠陥・多動性障害）のため、スケジュール管理が苦手で、時間を守ることがとても下手だったので、思い切って秘書を雇うことにしました。スケジュール管理や連絡はすべて秘書にお任せしています。「秘書なんて雇えないよ！」と思うかもだけど、得られるメリットが大きいのなら、有益な投資です。コストをかけずともいまの時代なら、さらにスマホやカレンダー系Ｗｅｂサービス、アプリといった便利な道具があります。スケジュール管理やタスク管理にガンガン活用しましょう。

「こうやれば成功する」みたいな人生の指南本は本屋さんにもたくさん並んでいますが、俺がオススメするのは同じ人物が書いた「成功したときの本」と「失敗したときの本」です。特に他人の失敗談というのは参考になります。そして、本を読んだらなるべくその本の現場へ足を運んでみたり、SNSで著者を見つけてコンタクトを取ってみると内容をさらに深く知ることができます。実際に体感できれば、その本に書いてあることがフィクションじゃないことがよく分かってくるんです。

自分の性格を認めて、把握すること。攻略方法や仲間を見つけること。変えるよりも早いです。悩むのは禁止です。

自分を把握しよう。
いろんなタイプが
世間にいていいはず

chapter1 07 ひとりならつながりやすいのを知ろう

学生のときは学生サークル、社会人になったら社会人サークル、会社の同僚、ママ友・・・いろんなコミュニティがあるけれど、どこかへ所属していないと何もできない、遊びにも行けない、友だちもできないというのは、ほとんど幻想なので惑わされない方がよいです。

たとえば、みんなで各地のイベントへ遊びに行こう！という社会人サークルがあったとします。参加するときには、サークルオリジナルのグッズを購入して、みんなで盛り上がれます。たしかに、楽しいよね。楽しい人だけが集まっているうちなら。もし、その中へノリが合わない人が加わってきたらどうでしょう。または、その中の誰かと恋人になったけど別れてしまったらどうでしょう。すごく面倒くさくなるよね。

イベントも旅行も、ひとりの方が誰かと出会いやすいです。旅先で10人の団体と出会ったとしても、その10人と仲良くなれることは少ないですが、ひとりで来ていたら「本当に好きなんだな」と思えるし、話をしてみたくなります。ヒッチハイクもひとりなら乗せられるけど、10人は乗せられません。

ひとりなんて寂しそう、つまんなそうと思うかもだけど、勇気を出して一歩進めると、世界が開けてくると思います。そしてその世界は、あなただけの力で切り開いた世界です。ひとりでやったことは、すべて自分の自信につながっていきます。苦労も自分ひとりで背負うことになるけど、手柄も独り占めできます。

「ネットの時代になったから、リアルなつながりが希薄になっている」というのは、本当にそうでしょうか？　人間ひとりがリアルな場でつながっていられる数なんて、昔もいまも大差ないと思います（なぜなら1日24時間というのが変わっていないからです）。リアルなつながりが希薄になったのではなく、いままでなかったネットのつながりというのが追加されたので、相対的に見て希薄になったように感じてしまうだけではないでしょうか。

ひとりだから何もできないと悲しんだり、みんなは楽しそうにしているなんて焦ることはありません。

そういった思いをダシにして搾取しようとしている人や団体には気をつけるべきです。面倒なのは、そういった団体に加わっている人たちは悪意を感じていないことが多いという点です。でも、金の切れ目が縁の切れ目になる関係なんて、寂しいと思いませんか。

「みんな」に合わせる必要なんてないんです。みんなと一緒じゃないと遊べないなんてことはないんです。**ひとりの方が「誰か」とつながりやすく、心地よいということを信じてみましょう。**

それは、あなたのことをあなたと認識してもらうために。あなたが自分の人生に主導権を持ち、あなたらしくいるために大切なことです。アウェイがあなたを鍛えます。

孤独に強いほうが、
孤独になりにくい

08

見られていないことに気づいてみよう

自分の思うがままに、自分だけで主導権を持って行動していくことを、恥ずかしいとか自信がないとか言われることがあります。

だけど、リアルな場では、あなたが思うほどまわりはあなたを見ていません。そしてそれは、人口が多い都会であればあるほど顕著です。

背負わなくてもいい苦労はしなくてよいですが、若いうちに恥はかいておいた方がいいです。というよりも、恥をかいても許されたり、立ち直れるのは若いうちだけです。若いうちなら、たとえ大失敗をしたとしても「バカだなー」で済むし、その後から名誉挽回の時間だってあります。だけど、歳を取ってしまうと「バカ」じゃなくて「痛い」になるんだよね。見てられないというか、かわいそうというか。

恥ずかしさも分かります。だけど、やってみて恥ずかしいのも、やらずに後悔しながら生きるのも、どっちも恥ずかしいです。確実に言えるのは、やってみたときの恥ずかしさは評価次第でなくなるかもだけど、**やらなかった恥ずかしさはいつまでも消えない**ということです。

地方での起業や田舎への移住が流行っていますが、自分らしく生きたいなら、都会にいる方が自由な面は多いと俺は思います。

都会の方が単純に母数としての人口が多いので、仮に何かを失敗してコミュニティの居心地が悪くなっても、すぐに別のコミュニティへ移ることができるメリットがあります。

ただし、リアルではなくネットの場では想像以上に見られていることを意識しておきましょう。なぜか？　それは簡単に検索できてしまうからです。

そして、ネットの場では誰かがあなたのことをコッソリと見ていても気づきにくいです。知らないうちにものすごく見られていた！　ということだってあり得るから、ネット上の発言にはしっかり気をつけておきましょう。「仲間うちしか見てないし」と思っていても、その仲間が数十人・数百人になっていたら、どこから漏れていくか分かりません。

もし勇気が出なかったり自信がなくなってきたときには、自分よりも不幸そうな人の本や失敗談を読むこともオススメです（笑）。自分より不幸そうな人をバカにするのではなく、自分に活かせることを導き出してみましょう。

また、『好かれよう』と思わないことです。好かれようとして好かれたヤツっていないんだよな。好かれる人は「自分のことが大好き」で、まわりの人もそんなその人が大好きで、そういう人が輝くわけです。追えば逃げる。猫みたいで不思議だよね。

たくさんの人、たくさんの価値観に出会い、その中から居心地のよいものを選び出して、自分の中へ植え付けていく。

自分の人生を謳歌していきましょう。

リアルな場では、
あなたが思うほど周りは
あなたを見ていない

chapter1

09

若いときだけ持っている特権を知ろう

若い人たちと俺とを比べて、絶対に勝てないのは将来に残された「時間」です。そう、若い人は「時間」という貯金を持っているんです。全員が平等に。これはものすごい特権です。

たとえば、キャリア10年のクラブDJとキャリア１年のクラブDJ。すごそうなのは、やっぱりキャリア10年の方です。ハタチのときからスタートしていれば、キャリア10年でもまだ30歳です。だけどこれが、30歳からスタートしていたら、同じキャリア10年でも40歳になってしまいます。

この「時間」という貯金は日々減っていきます。「いつかやりたい」みたいなことを言ってる間に、どんどん減っていくんです。そして、決して増えることはありません。

1秒でも早く、この貯金、特権が残っているうちに行動を起こすべきです。

でも、何かやるには自信がないし、恥ずかしいし、そもそもやりたいことが分からないし、という人も多いと思います。

だけど、若いときは「恥をかける」という、スペシャルな特権もあります。世間知らずで許されるのは若いうちだけ。誰かから丁寧に教えてもらえるのも若いうちだけ。メシをおごってもらえるのも若いうちだけです。

やりたいことが分からなければ、「やりたくないこと」を片っ端からやってみるのもアリです。そんなのも体力がある若いうちにしかできません。ドーナツをイメージしてみてください。輪っかの部分が「やりたくないこと」だとすれば、中心には「やりたいこと」のヒントが見つかります。歳を取ってからだと、失敗をリカバリーする時間が少ないです。

ドーナツの輪っかの真ん中に「やりたいこと」のヒントがある

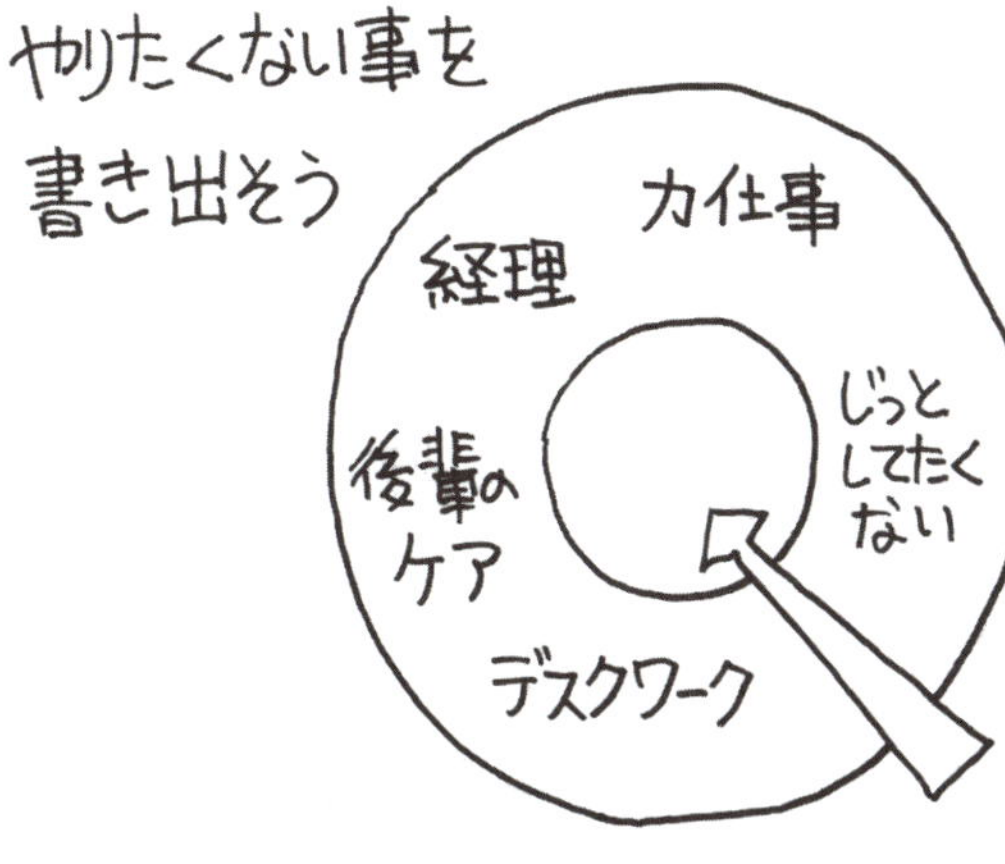

大事なのは過去？　未来？　未来ならさっさとやるべき。才能がないと思って悲観している時間があったら、ガンガンやってみましょう。いままでしてきたことにこだわって、これからダラダラする方がムダです。もしそれで才能がないことに気がついたら、新しいことをやれるチャンスです。

人間関係も同じです。若いうちなら、どこかのコミュニティの居心地が悪かったら、すぐ別のコミュニティを探して、移ってみましょう。ガマンして他人に合わせる必要なんてないです。たくさんの人と出会って、その中から居心地がよい人たちを選んでいきましょう。

「時間」という貯金は、なにもしてなくても毎日減っていきます。

みんな平等に持っている時間の活用方法を考えてみましょう。

だから、「時間」という貯金がたくさんある若いうちには、死なないでください。チャンスはまたやってきます。

時間だけは誰にでも平等だ

Q&A

ツイッター（@HidetwoDaSensei）で学生や社会人からのお悩み相談を随時受け付けています。章の間にブレイクとして、いままでに寄せられたお悩み相談をQ&A形式で紹介します。俺はまだ、これが絶対に正しいと言える答えは出せないけど、一緒に考えることは続けていきたい。それはまた、これからも。

話がおもしろくなりたいです

Q：友人から、あんたの話はおもしろくないとよく言われます。たしかに、自分でしゃべっていてもつまんないなと思います。友だちもそこそこいるし、飲み会とかも楽しく過ごせてますが、もっと人を惹きつけるようなおもしろい話ができる人になりたいです。

A：やっぱり、おもしろくない人がボーっとしてると、どんどんおもしろくない人が集まって来て、もっとおもしろくなくなるので、なるべくアナタが感じる「おもしろい人」に食らいついて、なんでこの人はおもしろいのか？　ということを研究してみるとよいと思います

（そこで「私なんて・・・」というモードに陥ると学びになりません）。身近な人だと気まずいときは、テレビで芸人さんが輪になってしゃべっているようなトーク番組とか、いっぱいあるよね。

その人のしゃべり方、間のとり方、抑揚の付け方、身振り手振り、会話のテーマ、最初は完コピでいいと思いますので、研究しましょう。技術であれば完コピできるものだし、しゃべりだから、ギター弾くのよりよっぽど簡単。

そして、みんなが聞きたくなるようなオリジナリティのある話題を作るには「非日常な経験」しかないんですよ。たとえばヘンな祭りに参加したとか、ボッタクリに会ったとかから、変わったバイトの体験談まで。これは体験をしゃべるだけですから簡単です。

人は自分の知らない世界の話に興味を持ちます。知っていることをさらに聞こうとする人はなかなかいません。なので、いろんな変わったバイトをしたりすると、ワリに簡単に「おもしろい人」という立ち位置になれると思う。あと、やっぱりおもしろい人との出会いって、おもしろい場所じゃないと得られないんだよね。近所のふつうのスーパーで買い物するより、マルシェ（市場）みたいなところの方がおもしろい人が集まってるのと同じで、おもしろい人と出会いたいのに、おもしろ味がないところばかり行ってたら、そりゃ出会えないよなと思う。技術を磨きつつネタを増やし、成長していきましょう。

修行を積んで究極にしゃべりの技術が高まってくると、本当は一切おもしろくないような話でも、さもおもしろいようにしゃべることができるようになります。芸人さんのトークとか、紙に書いて読んでみると実はおもしろくなかったりするんだよね（笑）。しゃべりの技術でカバーしてるわけです。ただ、あんまりおもしろく喋ることを追究しすぎると「会話のリズムでごまかして、よく考えると内容が一切なくてなんだか胡散臭い人」というレッテルを貼られることがあるので気をつけてね。たまにはマジメな一面を見せておくのも大事です。

Q&A

おもしろい人にしか、
おもしろい人はついてこない

Q&A

ヒマすぎて仕方ないんです。

Q：学生です。毎日とにかくヒマでヒマで仕方ありません。ヒマだから何かをしたいのですが、何からしていいか分かりません。毎日ダラダラとおもしろ動画を見たり、ネットニュースを読んだりして終わっています。本を読んでみたいけど、おもしろい本がどれかも分からないです。だからヒマです。

A：まず、本がおもしろくてヒマつぶしになるという期待を持つのはやめた方がいいです（笑）。**期待するから腹が立つ**わけで、本は人生というゲームのマニュアルであり攻略本だと考えてみてください。攻略本があった方がダンジョンとかも早く抜けられるわけです。本の中でおもしろいのは小説だけです。それ以外の本はほとんどつまんないです。ゲームのマニュアルであり攻略本って、おもしろくないよね。だけど、ダンジョンとかも早く抜けるためには必要な知識が詰まっています。

Q&A

本は成功者や失敗者の人生を疑似体験できる「ぼうけんの書」

おもしろ動画やネットニュースを見てても情報を吸収していることになるかもだけど、「薄い」のと「遠い」情報って深く体に染み込んでこないんだよね。浅いお風呂に入ってても冷えるばかりなのと同じで、どっぷり浸からないと分からないことはたくさんあります。だから、おもしろ動画を見るなら6秒の動画がまとめられたようなヤツじゃなくて、120分のコメディ映画を見てみる。ネットニュースを読むなら芸能人の話とか遠すぎる外国の話じゃなくて、自宅の近くとか自分の大学に関係がある人のものに絞ってみる。遠くのことを考えるなとは言わないけど、遠すぎる話題に喜怒哀楽を使っていても、仕方ないんだよね。森を木々の集合として認識できるのは、木のことを知っているからです。いきなり森だけ見ても、なんかぼんやりした緑色としか分からないよね。

俺が本を読むことをオススメする理由は、他人の人生をコンパクトに疑似体験できるからです。自分の人生だといまの一瞬しかないけれど、本を読めばたくさんの人の人生を、それこそ生きているところから死ぬところまで、ぜんぶ疑似体験できます。

お金がないなら古本屋や図書館があるし、電子書籍でもなんでもいいです。とにかく本を読んでみましょう。伝記とかビジネス書みたいなのがオススメで、とくに失敗談がよいです。成功談だとどこか縁遠く感じてしまうかもだけど、失敗談は読みやすいし、自分が同じような局面に立った時にとても役に立ちます。ネットの本屋だと情報にアプローチするまでにムダな時間がかかる場合が多いんで、本屋さんへ足を運んで、目に付く本の表紙・目次・はじめに、のところを読んでみましょう。そこで興味が湧かない本は、たぶん最後まで読んでも入ってこないです。

ひとつの本を読んだら、その本に載っている主張とは逆の本を読んでみることをオススメします。たとえば「〇〇反対！」という本を読んだら、次は「〇〇賛成！」の本を読んでみて、さらにインターネットなどでそれぞれの情報の真偽を確認してみるとよいです。本を読まずに、最初からインターネットの情報だけに頼るのは、みんながやっているので差別化できず、薄い知識になりがちです。

そしてこれが大事なんだけど、なにか本を読んだら、その「現場」にいって「人」と会うことです。「現場」には「空気」と「人」があります。相反する意見の「本」を読み、「インターネット」で裏取り&下調べをして、「現場」に行って「空気」を感じて「人」に会い、「話す」。これをすることで、ヒマな時間がなくなるほどおもしろく生きる「仲間」ができてきます。

Q&A

モチベーションってどう保ち続けるの?

Q:いろんなことが中途半端に終わってしまいます。最初のうちはやる気になってるんだけど、どうしてもモチベーションが続かず、グダグダになることが多くて、会社でもよく注意されています。モチベーションを保ち続けるにはどうすればよいでしょうか?

A:俺の場合、作業をするときは自分を強制的にやらざるをえない環境に放り込むようにしています。たとえば作業の様子をSNSで公開するとか、誰かと一緒にするとか、日本を離れるとか。雑念や邪魔が入りにくい状態に強制的にするというのは効きます。まぁ、ネットのつながらない山奥に行くのが一番いいんですけどね（笑）。**性格は変えられない**から、グダグダになりやすいっていうのが分かっているなら、「自分はそうなんだ」って把握をして、対処方法を考えておきましょう。

モチベーションが続かないってのは、要するにやりたくないんだよね。やっていることに納得してないから、やる気がなくなるってことだと思う。最初のうちはそうじゃなかったハズなのに、どんどんやりたくなくなる、と。

「やりたくないこと」を
はっきりさせておこう

じゃ、どうしてやりたくなくなるのか。それは「余計なこと」をやっているためだと思います。その余計なこと洗い出して、捨てる（やらない）っていうだけでも、かなり変わります。たとえば「毎月の売上を可視化する」というタスクがあったときに、「グラフの作り方が難しい」とか、「エクセルで作ったらなんとなくダサイ」とか、そこを納得させるために余計な時間や手間がかかってしまうと、どんどん本質の「毎月の売上を可視化する」から離れて行ってしまう。会社のようにチームで仕事をするときには本当にこれが厄介で、自分がものすごくよいアイデアを閃いたのに、それを実行するためには上長にプレゼン資料を提出してハンコをもらって予算の折衝をしてチームのアサインをして・・・みたいなうちに、だんだんモチベーションって下がってしまうものなんだよね。

なので、攻略方法を考えておきましょう。モチベーションを下げている余計なことを、なるべくスムーズにクリアするための攻略方法です。それはたとえば、エクセルのひな型をたくさん作っておくとか、プレゼン資料の下書きを書いておくとか、頼りになる人と仲良くしておくとか。モチベーションが高いときにそういう余計なことはやりたくないものだから、先にやりたくないものをやっておくんです。ご飯を作るときに材料の準備ができてたらささっと作れるのと似てますね。だから、モチベーションが下がったときは学びのときです。

勘違いしたらダメなのは「モチベーション至上主義」みたいにならないようにね。モチベーション高くやっていればなんでもＯＫかっていうとまったくそんなことはなくて、そこ勘違いすると、たとえばトラブルが起きたときに「でもこれもいい経験になったよね」で片付けられたりとか、「まわりにはいっぱい迷惑かけたけどやり遂げられてよかったです」みたいな、いやそれ、迷惑かかったところ反省する話であって感動話じゃねえから！　みたいな、おかしな方向へ迷い込まされてしまいます。特に社会経験が少ない子だと、そういう「仕事の感動話」で騙されやすいんで、モチベーションの使い方には気をつけておきましょう。

Q&A

自分に才能があるのか不安です

Q：会社の同期がみんな優秀に見えて困っています。いまはまだみんな新人だからいいけど、この先どんどん差がつけられそうで不安です。かといって、自分の隠れた才能がいきなり開花するとも思えません。どうしたらいいでしょうか？

A：俺は自分よりも才能があるヤツを見つけたら、戦ったり競ったりせずに、組みます。**「自分よりも優秀なヤツと組め」**というのは、クリエイティブでも経営でもスポーツチームでも、唯一確実な勝利の法則です。優秀な人がいたときは、負い目を感じるんじゃなくて「この人を活かして何かできないかな?」と考える方法もアリですよ。仮に一緒に組めなかったり、組んでいたことを途中でやめたとしても、同じ道を歩もうとした・歩んだという共通言語があるわけだし、単純に自分よりも優秀な人と会話できます。これは強い。いまはSNSとかあるわけだし、才能ある人に近づく方法も増えています。

そして、**才能がないことに気づく才能**というのはとても大切な才能です。

そこに気づくことができず、ずーっともがいていてもあんまりいい結果は導き出されません。残酷なことを言うと、苦手なものってやっぱり上手にはできないんだよね。みんなそれぞれ得意な分野ってのは絶対にあって、それは育ってきた環境とかで作られてくるものかもだけど、文章を書くのが得意なヤツはほっといてもスラスラ書くし、料理が得意な人は冷蔵庫の余り物からでもご馳走を作ることができる。

いまの時代は、さまざまな働き方・生き方ができるようになっています。これが、40年くらい前だったら「勤め上げる」のが美学とされていて、最初に入った会社で定年退職するまで働いてたりするからね。転職もポピュラーではなかったし、辛くても仕事をするしかなかった。実家を継ぐことが当然だったり、結婚さえ親の希望を優先させなきゃいけない時代があった。離婚してたら後ろ指さされたりとか。いまの時代は、さまざまな働き方・生き方ができるようになっています。それを存分に活用してみましょう。

Q&A

苦手なことより得意なこと

ある日いきなり自分の隠れた才能が開花することを期待するより、自分が好きなこと・得意なこと・できることを客観的に考えてみましょう。それはあなたの「手駒《てごま》」です。その手駒《てごま》を使ってお金を稼ぐ方法を考えたり、ストレスを解消する方法を考えた方がよいです。そこをムリして誤魔化して儲け方を習って苦手なことに挑戦するより、自分が好きなこと・得意なこと・できることからお金を儲けることに挑戦した方がうまくいくものです。

会社の中での優劣が、その人の人生そのものの優劣じゃないからね。昼間はサラリーマンをやりながら夜はラッパーやっている人とか、本当にかっこいいと思います。

Q&A

これが一番大切な才能

DJはたくさんの曲を混ぜて、つなげていくことで新しい音楽を作り上げていく。思考も同じ。聞き飽きた音楽が新鮮に聞こえるように、考え方を少し変化させると、新しい世界は目の前に開けていく。

chapter2

chapter2

01

20代のうちは捨てるよりやってみよう

20代のうちは捨てるより やってみよう

若いクリエイターから質問をされるんです。「僕って才能があると思いますか?」って。うん、でも、才能がないと気がつくのも、とても素晴らしい才能です。

でも、「才能がないからやめよう」ってなると、いままでやってきたことがムダになりそうに思えるよね。そんなことはありません。才能があるかどうかを知るのは空想だけでは困難です。残念ながら空想はあなたの体験にも経験にもつながりません。やらずに分かることより、やって初めて分かることの方が多いです。

「サンクコスト(sunk costs)、埋没費用」という言葉があります。企業が何かのプロジェクトに使っていたお金のうち、そのプロジェクトを中止しても回収できないお金、要するに「いっぱい使ったのにムダになったお金」のことを言います。でも、何かに挑戦したいときには、サンクコストが発生する可能性は絶対にあるんです。そしてそのコストは、関わっている時期が長くなればなるほど、高い金額になっていきます。

「これはうまくいかないいな」と思ったなら、痛み（サンクコスト）を伴うけれど、思い切ってやめるのも成長につながります。

やらないこと・おかしいと思ってもやり続けていること、これが一番よくないです。

「ミニマリスト」なんていう言葉とともに、「持たない暮らし」を選択する人が増えて来ました。日本の「禅」の精神にも通じる、不必要なものをそぎ落としたシンプルライフです。

だけど、それを20代のうちにやる必要はないと俺は思います。10代でたくさん勉強して、親の言うことを聞いて、20代になってようやく自由なお金と時間を手に入れられたのなら、やりたいこと・欲しいものはどんどんかき集めてみるべきです。ムダ遣いと思われるかもだけど、文化というのはそもそもムダな部分から生まれているものです。文化的・精神的に成熟した後で選択するならともかく、あまり早くからそれをやってしまうのは、可能性も一緒に消してしまうことにつながりかねません。

たとえば、たくさんの洋服を持っていれば、どれか一着を気に入ってくれる女の子がいるかもしれない。音楽や映画もさまざまなジャンルを体験しておくと、会話の幅が広がっていきます。人脈も同じです。若いうちなら（その先の人生が長いので）どこかのコミュニティの居心地が悪ければ、ほかを探すことが可能です。でも、老人ホームの中だと新しい出会いは見つけづらそうです。

一見するとムダと思われるようなことでもいろいろやってみて、その中から本当に好きなものをゆっくり選んでみましょう。

禅も、最初からあの状態で完成したわけではありません。いろんなものを吸収して、不必要なものをそぎ落としたからこそ美しいのです。

20代のうちは何も捨てずに、どんどんかき集めて吸収してみましょう。

そうして、もう少し歳を取った後で必要なものだけを選ぶようにすればよいと思います。結婚したり子供が産まれたりしたら、ムダなものを持っていることができなくなるんで、仕方なくというところもあるけれど（笑）。

また、「自分に才能があるかどうか」で悩んでいる人は、一度すべてをやめてみるのもよいと思います。そして、別の角度・立場から関わってみる。たとえば、物作りをやっていたなら、自分が作る立場じゃなくて、選んだり評価したりする側の「キュレーター」になってみたり、イケてる物や人を紹介するブログを書いてみる。音楽を作っていたなら、自分より音楽がうまいと思う人を呼んでイベントを行う側、運営者（オーガナイザー）になってみる。

好きなことと得意なこと・才能があることというのは確実に違います。そこをムリしていると、だんだん歪んできます。好きなことをやめるのはとてもツライから、好きなことへの関わり方を、いろんな視点から探してみましょう。やりたいこと・できること・求められていること。この輪が重なる部分を探してみましょう。

①の部分を目指そう、
まずは②や③から
でもいいので

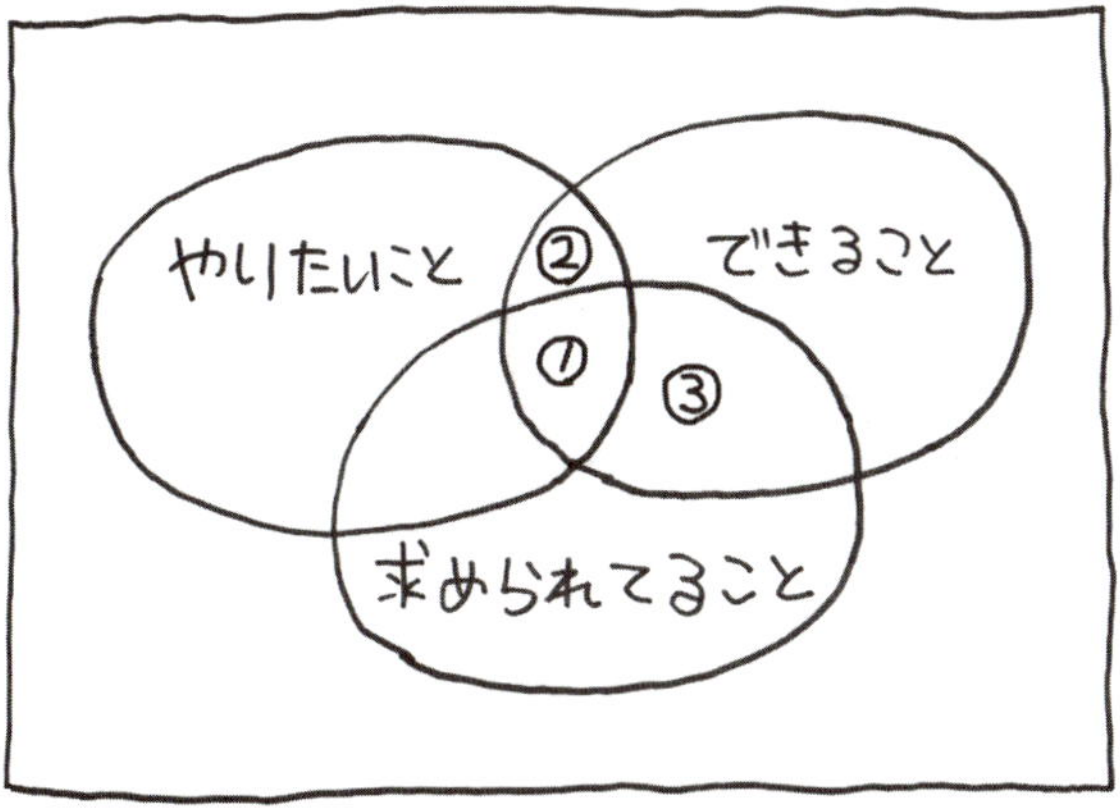

chapter2

02

石の上から3年で動けるようにしよう

いまも昔も、この先も（恐らく）ずっと変わらなそうなのは「人生は有限である」ということです。誰のところにでもいつか終わりが来ます。

幼稚園は3年間、小学校は6年間、中学校と高校が3年間ずつ。小さなころの人生は「3年」という大きな区切りがありました。区切りながら生活や学習が行われてきました。

大学だけ4年間あると思うと、就活がスタートしたときに「時間が足らない！」と戸惑ってしまいます。大学も3年しかないと考えて、意識の上での就活は2年から始めるべきです。そうすれば焦らずにすみます。3で考えてみましょう（なので、2年制の学校に行ってる人は大急ぎです）。

会社で仕事するのも「３年一区切り」のように考えてみましょう。たとえば、入社１年目は仕事を覚える、２年目で成果を出す、３年目で引き継ぐ。そしてまた新しい３年をスタートしていく。いつまでも会社にいる（いられる）と思うとダレてしまいます。かといって３週間とか３ヶ月だと時間が短すぎるので、３年周期で考えてみましょう。もちろん、３年たったら辞めろということではないけれど、多くの企業の寿命は10年、ヘタをすれば５年以下ともいわれています。転職するときの履歴書も、前職が３年続いていたら「３日坊主で辞めたわけじゃないいな」ということが伝わります。

大切なのは区切りを意識することです。

「石の上にも三年」ということわざがありますが、いまの時代に合わせて解釈すると**「石の上にも三年いれば十分」**です。ずっと同じ石の上に座り続けられると思っていたら危険です。次の石に飛び移りましょう。

株や投資をしてみるのもオススメです。金持ちのマネーゲームと揶揄されるかもだけど、ものすごく少ない金額からでもスタートできます。そして、本当にたくさんの企業があっという間に成長したり、あっという間に衰退したりするのを実感することができます。カエルは熱いお湯にいきなり投げ込むと逃げ出しますが、冷たい水からゆっくりと茹で上げていくと自分が煮られているということに気づかずに死んでしまうという話があります。ボーっとしていると茹でたカエルのようになるかもです。

人生は有限です。メリハリを付けてコントロールしていくためにも、いつまでも続くなんて思わずに区切りながら計画を立ててみることが大切です。うっかりすると年月だけが過ぎていきます。そして、歳を取れば取るほど行動力はなくなっていきます。転職したくても、転職先の先輩がみんな年下だったり、同年代がバリバリやっているのに自分だけいまさら見習い修行もできない、体力も気力もない、なんていうことになる前に。年齢なんて記号でしかない、大事なのは中身だなんて思っていた時期が俺にもありました。でも、その記号で判断されることだって当然あります。入社の年齢制限はもちろん、シェアハウスや賃貸の家でも年齢制限があることもあります。まぁ理解はできます。若者向けスタートアップ連中が集まっているところへ、いきなりオッサンが来ると雰囲気変わるものね（涙）。

自分の人生にはあと何回「3年」があるのか。それが、自分が成長できる回数だと考えて、日々を過ごしてみましょう。

「3」はマジックナンバー

chapter2

03

収入ではなく働き方を増やしてみよう

絶望的なことを言うと、一生懸命働いたらお金持ちになれるなんていうのは、会社がみなさんを労働させるために作った幻想です。さらに、いまの時代はどんどん成果主義になっているので、会社に長くいれば（いるだけで）給料が高くなるなんていうこともありません。新卒で入社して10年働けば給料が上がっていずれ結婚や子供・・・全然給料が上がらない！　となるまでに、手を打っておく必要があります。

働き方は大きく分けて、次の4つのスタイルがあります。

①雇われて働く：一番ポピュラーなスタイル。どこかの会社に所属して、そこで労働する。時間と場所を拘束される。給料＝ガマン代。

②自分で働く：フリーランスや自営業。自分で仕事を見つけて（作り出して）、労働する。時間と場所を選択できる。労働する以前に仕事を見つけなきゃなので、不安定な収入になりがち。

③人に働いてもらう：自分で会社を作って、人を雇う。

④お金に働いてもらう：株などの投資資産を購入する。ブログや動画に広告を載せて収入を得ることも含まれます。寝ている間にもお金が増えます。

①と②は「労働収入」、③と④は「権利収入」と呼ばれます。

労働収入のメリットはすぐに収入につながることです。お金をより多く得るには、朝も昼も夜も自分の時間を割いて働けばよいです。デメリットは病気やケガ、倒産やリストラの時に収入が止まってしまいます。働き続けないと収入が続かないのが労働収入です。

権利収入のメリットは一度権利を作ってしまえば、その権利を手放さない限り収入が続くことです。しかし、権利を作り上げるまでに少しの知識と少しのお金が必要になります。でも、長い人生の中で見れば微々たるものだと思います。

「収入源を増やす」というのと「働き方を増やす」というのは、似ているようで大きく違います。会社の仕事に加えて、コンビニでバイトをすれば収入源は増えますが、どちらも「雇われて働く」です。これだと、たとえば病気になったとき、どちらの仕事も失ってしまいます。違う働き方をしていれば、そういう危険を回避できます。意識の点では「働き方を増やす」ことを中心において、その結果として収入を増やしましょう。

「副業（複業）」じゃなくて、「副々業（複々業）」くらいまで、細かいものをたくさん作っておけば、可能性や思考の幅が広がります。一ケ所からしか収入が得られない状態だと、その収入元（会社）と従属関係ができちゃって、辞めるに辞められないっていうのは金銭的にも精神面でもリスクが多すぎます。

なにか得意なことや好きなことをブログに書いて、ささやかだけど広告収入を得るようにしてみるのもよいと思います。そういうのが苦手なら株式投資、難しいことを考えたくないときは投資信託という選択肢もあります。

気をつけて欲しいのは、「こうやったら収入が増えますよ」という情報に振り回されすぎないこと。そういう情報を販売している人たちはたくさんいますが、まったく興味がなく、実践しても長続きできそうにない行為にムリして手を出しても、だいたいうまくいかないものです。

簡単に働き方を増やすことができるのは、「情報革命」がもたらしたメリットです。このメリットをしっかり活用しましょう。

自分のとってどちらが
本当にハッピーなのか？
考えてみよう

chapter2

04

24時間だけでも集中する環境を作ろう

最後に集中したのっていつだか覚えていますか？ 本気の集中。外部からの刺激を一切排除して、自分だけの感覚と向きあう時間。

最後にオフラインになったのっていつだか覚えていますか？ 誰からもメッセージが届かず、通知センターがピョコピョコ出てくることのない時間。

実は、24時間集中することができれば、かなりのことが達成できます。人間の集中力は数時間程度が限界とはいえ、その限界を超えてからも同じことを考え、やり続けていると、集中を超えた新しい発見が見えてきます。

そういう、別のゾーンへ入れる方法を意識的に作っておきましょう。

俺の場合はバリ島やセブ島がそうです。東京にいるとどうしても集中できないことがあるので、海外へ行っちゃう。衣食住のすべてが違う空間へ移動する。「そんなお金はないよ！」と思われるかもだけど、実はセブ島はＬＣＣ（ローコストキャリア・格安航空会社）を使うと往復で2万円以内で行けるタイミングだってあります。

集中力というのは体力を使うから、歳を取れば取るほど持続させるのが難しくなってきます。さらに、歳を取れば考えること（家族のこととか、健康のこととか）も増えてくるし、集中力はどんどん散漫になっていく。

だからこそ、意識して集中できる環境を作っておくべきです。

集中することがなぜ大切なのか。それは、その時間を通じて自分をしっかりと振り返ることができるからです。浅い時間だと浅い思考しか導き出せません。極端に深くやってみるというのはいろいろな可能性を引き出してくれます。

すべての外部ノイズを消して、オフラインになって、やりたいことをやってみる。もし、やりたいことがなければ、やりたいことを考えてみる。

何もなくなれば、
何かが生まれる

chapter2

05

悩みが分からなければあれこれしよう

まわりの同世代よりも給料は多くもらっているような気がするし、長く付き合っている恋人もいるし、生活していくには不満はない。だけど、このままでいいのかなんとなく不安・・・という悩みをよくもらいます。

まず、不幸だと感じていないのは幸せだと信じるべきです。やりたくないことをやらないでも生きていけるのは、とても幸せなことです。

その一方で、なんとなく不安があるのなら、その「不安」が「不幸」になる前にあれこれやって、手駒の選択肢を増やしておきましょう。

たとえば、副業（複業）や副々業（複々業）を考えて収入の幅を広げておけば、いつか本当に仕事がイヤになったときでも、身軽に動けます。旅をたくさんしていろんな場所のことを知っていれば、転勤になっても戸惑いません。リアルな友だちをたくさん作っておけば失恋しても少しは大丈夫かも。悩んでいる時間はもったいないので、あれこれやってみましょう。

ひとりで行動を起こすのが困難なら、自分より能力が高い人を巻き込んで、その人にやってもらうのもよいです。巻き込むにはどうしたらよいか？ やりたいことをＳＮＳや口頭で常にアピールし続けて、やっている最中のメイキングを公開して、そして「恥をかける」という若いときだけの特権を活かして、とにかく飛び込んでみることです。

自分の力を増幅させてくれる道具や手段を「てこ」として利用するのもアリです。たとえば就活生なら「新卒」という肩書きはそのときだけの強い「てこ」ですし、会社員なら会社の名前や事業規模が「てこ」になります。ただし、てこが外れたときは大きなケガをしてしまうので、あくまでその力は増幅されたものだと認識しておいて、自力を鍛えるのを忘れないようにしておくことです。また、てこの支点とは良好な関係でいるべきです。ＳＮＳで会社の悪口ばっかり書いている人はみっともないし、信用されないと思います。

最後に、もっと楽にモノを動かすには、このふたつを組み合わせて「てこ」と「人（他人）」を利用することです。それは、会社だったら同僚と組むより仕事のバリバリできる上司の方がてこが大きいですし、クラブのＤＪだったらなるべく有名でたくさんのイベントに出ているようなDJとかです。

もし、将来像がイメージできていないなら、その理由を考えてみましょう。それは、将来を知らないからです。人が将来像を見るのには、3つしか方法はありません。

1 本を読む。
2 人の話を聞く。
3 実際に体験する。

先人の人生を疑似体験するという意味で、伝記物とか、いろんな人の失敗談・成功談を読んでみてください。「読ませる」より「踏ませる」なネットの煽りメディアやまとめサイトばかりではなく、本屋さんに並んでいるような何年も読み続けられている本に目を向けてみましょう。ヒント満載です。「本なんておもしろくない」と言われるかもですが、そのとおりです。本なんてだいたいがつまらないです。すべての本が読みやすい表現で書かれているワケでもないです。それは、本というのがこの先を生きるための、考えるためのマニュアル本だからです。おもしろいマニュアルってあんまりないよね。でもマニュアルを読めば、知ることができます。知らないことは想像できません。パンを食べたことない人に、パンは作れないのと同じことです。

本を読んだら、その本を書いた人、その人に影響を受けた人に会えないか動いてみてください。ファンレターを書いたり、ツイッターでリプライ飛ばしてみたり（礼儀はわきまえてね。無言でフェイスブック申請とかはダメですよ)。もし、会うことができたり、やり取りができたなら、本に載っていた話をもうちょっと深く聞いてみるとよいです。そうすると、ぐっと深まります。把握した上で身につけましょう。

そして、現場に行く。本に登場した場所へ、足を運んでみましょう。伝記だったらお墓や史跡へ、経営者の失敗談だったら、その会社があった場所へ。そうすると、まわりの空気を含めて体全体に伝わってきます。アニメファンが「聖地巡礼」って言って、アニメに登場する場所を訪ねるよね。あれです。みんな、体験を深めたいから現場に行っているんです。本を読めばあなただけの聖地がたくさん増えます。街を歩くだけで誰かの人生を思い出し、考えることができます。思考停止しないためにとても大切です。

計画(PLAN)→実行(DO)→
評価(CHECK)→改善(ACT)

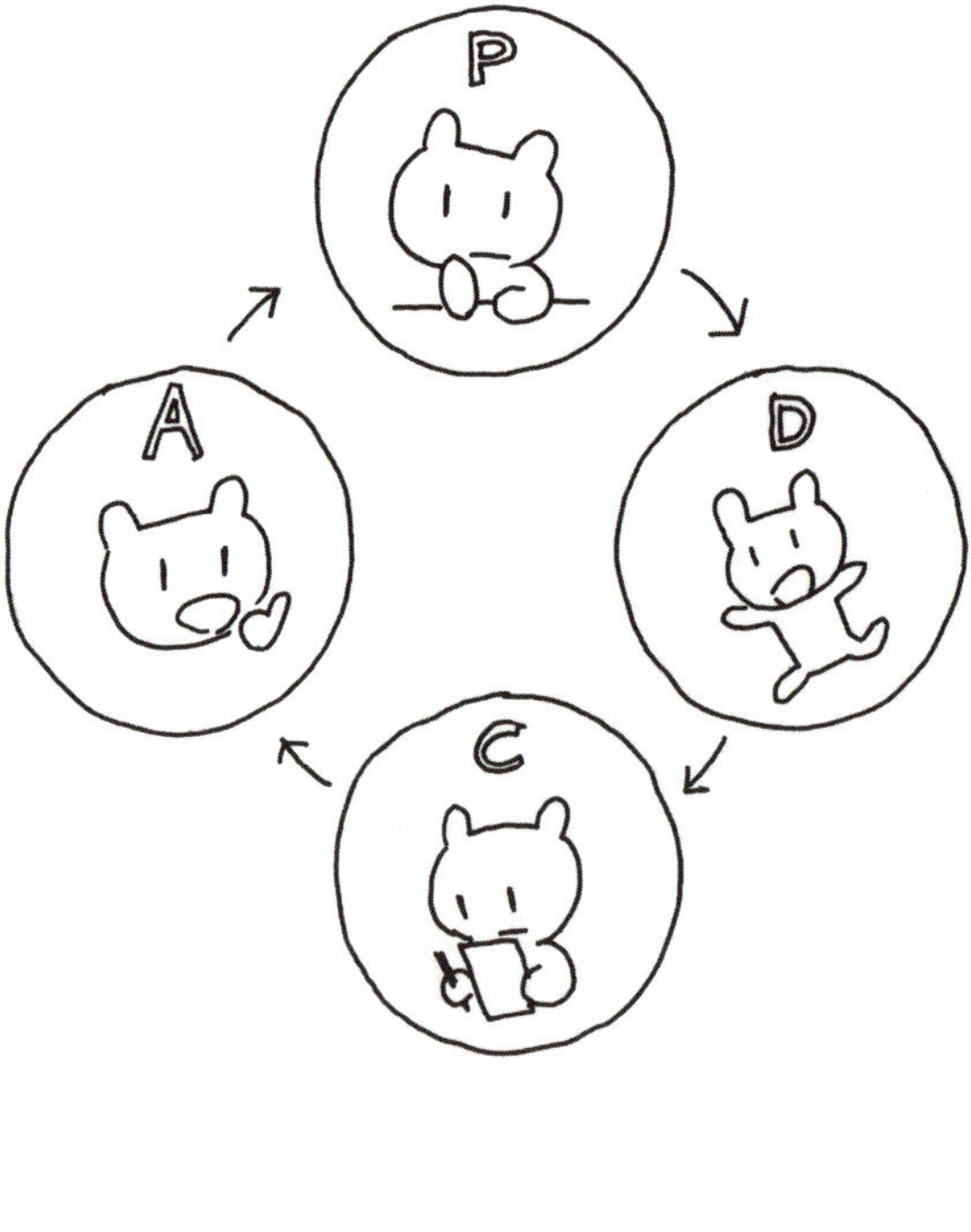

そうやって少しずつ、将来像を垣間見ることができるようになってきたら、その上で「やりたいな～」が「やりたい」に変われば、やってみましょう。もし、「やりたくない」になったなら、その原因をしっかり分析する。なんでやりたくないんだろう？　儲からなさそうだから？　有名になれなさそうだから？　もう誰かがやってるから？　やりたくない理由の中に、やりたいことのヒントが隠れています。「なんとなくやりたい」という状態だったら、時間があって立ち直る体力があって、恥をかいても許される若いウチにやっておくのをオススメします。

「なんとなく不安」というままで過ごすのは健康的じゃないし、いつか「本当に不安」になったときに身動きが取れなくならないように、手を打っておきましょう。

行き止まりの壁にブチ当たってしまうとどれだけ押しても動きません。まわり道、抜け道を探しておきましょう。

人生には選択肢がたくさん
あったほうが楽しい

chapter2

06

遠くの難題より近くの問題を考えよう

ネットやSNSを通じて、毎日たくさんのニュースが流れてきます。だけど、なるべく遠くの悩みには付き合わないほうがよいです。

ここでいう「遠い」は物理的な距離だけではなく、その対象との関係性も含みます。

たとえば、芸能人の失恋とか、あなたがヤキモキしていても仕方ないよね。友だちだっていうのならともかく。どこかで行われている公共事業を、証拠もなしに「利権によって決められた」とか「不要な道路をまた作っている」なんて言われたときは、怒ったり悲しんだりするよりも先に、地元の人はどう考えているのかを調べてみましょう。

アタマを使わずに感情だけで動くようになってしまったら、悪いヤツがあっという間にあなたを騙してしまうかもしれません。

もちろん、これは「関係ないことは気にするな」ではないです。木を見て森を見ずになってもダメだし、日本全体で声を上げるべき問題もあると思います。

だけど、聖書の言葉に「隣人を愛せ」というものがあります。遠くの世界を変えるのは、近くの世間を変えることから始まります。そこをすっ飛ばして「弊社は世界を変えるために取り組んでいます」なんて言われても、対象としている「世界」って、具体的に何なんだろう？業界のこと？　ユーザー体験のこと？

遠くの悩みに対しては主導権を持ちづらいです。遠くの悩みに付き合うことに慣れてしまうと、自分の芯がどんどんブレていきます。昨日はあのニュースにイライラして、今日はこのニュースをシェアして、とりあえず世界が混乱しつつあるのは分かった。だけど、自分のそばにある世間はなにも変わっていない。そんな状況になりがちです。また、遠くの情報というのは総じて「薄い」のも原因です。細かいニュアンスは分からないし、どこまで正確なのかも分かりません。そういうニュースをSNSですぐシェアしたがる人は非表示にしといた方がいいです。

いわゆる「陰謀論」なんていうのも同じです。娯楽のネタとして、ロマンとして考えるならまだしも、そのことを本気で怒ったり悲しんだりするなら、きちんと納得がいくまで調べてみましょう。調べることをせずに怒ったり悲しんだりするだけだと、なにも生産的ではありません。政治的なことなら、選挙で投票したり、地元のお祭りや町内会の集いに参加して、積極的に大人と関わってみるべきです。

俺は、募金をしてもよいのは自分で稼ぐことができない中学生までだと考えています。自分で稼ぐことができるようになったら、募金よりも労働、そして投資をすべきです。「株をやってます」とか「投資をやってます」というのを、まるで黒いお金、金持ちのマネーゲームでしょ、みたいに嫌う人もいるけれど、自分のお金をきちんと意識して、興味のある分野へ投資し、日々の動向をチェックすることは、お金を渡した瞬間に達成感を得てしまう募金よりも、世界と自分のためだと思います。

まずは自分のまわりで何が起きているのか、自分のまわりにはどんな人がいるのか。それを把握し、分からないことは調べて、意見したいところがあれば意見しましょう。それができていない状態で世界を憂いても、誰にも届きません。

まずは近くの問題解決から！

chapter2

07

迷ったら旅するように暮らしてみよう

働き方を増やし、たくさんの副業（複業）を作っておくのと同じくらい、自分の居場所を増やしておくことは大切です。そして、いまは自分の居場所を簡単に増やせる時代です。

LCCと呼ばれる安い航空会社なんて、セールのときには海外まで片道1万円台、最安のときには1000円台なんていう値段になっています。1回の飲み会をガマンしたり、ちょっとバイトをがんばれば、海外へ行ける時代です。キミらが持っている日本のパスポートは、おじいちゃんやおばあちゃんの世代が、それこそ世界中を相手に戦争していた日本という国を、世界でもっとも信頼できる国にまで復興してくれたおかげで、世界でもっとも信頼されるパスポートになりました。ビザ（査証）なしでさまざまな国へ行くことができるのって実はすごいことなんです。70年前は世界中が日本をやっつけようとしていたのに、いまは世界中から愛されている、これはすごいことです。

経営コンサルタントとしてたくさんの本を出している大前研一さんは、「人間が変わる方法」として、時間配分を変えること・住む場所を変えること・付き合う人を変えること、の3つを紹介しています。

旅をしている間というのは、この3つが全部変わります。さらに、ひとりの時間があれば自分と向き合えることができるし、自分よりすごいヤツを見つけやすいのも旅のメリットです。よくないのは、仲良しグループで行って、旅先でも日本と同じような生活をするパターン。「ホテルの近くにマクドナルドもスタバもセブンイレブンもあって便利でした」って、何しに行ってんだよって思う。せっかくだから、変えてみましょう。若いうちなら失敗して恥をかいてもすぐ復活できます。

ＬＣＣの飛行機で行けるのはタイや香港のようなアジア圏が多いです。ヨーロッパやアメリカはまだちょっと高いですね。アジア圏の中でも俺はフィリピンのセブ島をオススメしています。英語が通じるし、

旅するように暮らしていると、たくさんの「気づくきっかけ」が得られます。たくさんの視点からモノゴトを捉えておくと柔軟性が身に付き応用が効かせられるようになります。

副業（複業）がたくさんあれば、会社を辞めてもしばらくは大丈夫

かもしれない。じゃ、会社をムリせずがんばってみようってなる。居場所がたくさんあれば、リフレッシュしたくなったらあそこへ行ってみようってなる。たくさんの価値観に触れることができる。

「時間」という貯金をたくさん持っている若いうちに、都会で挑戦しておくことは決して無駄な時間ではないと思いますよ。

そして、迷ったら旅するように暮らしてみましょう。変えていきましょう。

旅は人生を飛び立たせる

都会で仕事することって意味あるの？

Q：デザイナー志望です。私は現在、ある地方都市に住んでいます。都会に出て仕事をすることに意味はありますか？ また、選ぶなら「就業時間がゆるいけど、クリエイティブじゃない会社」と、「残業が多いけどクリエイティブな会社」、どちらがよいでしょう？

A：あなたがプロのデザイナーとして食っていきたいのなら、都会に出るのは大アリです。どんなクリエイティブでも、母数（ヒト）が多いところ、カネが多い場所で通用しなければ、ただの独りよがりな「作品」で止まってしまい、「商品」にはなりません。いまはどこでも仕事ができる時代ですが、一度でいいので都会で、体力があって恥をかいても立ち直る気力のある若いうちに勝負すべきです。

また、ヒトとカネが多い＝仕事をもらえるチャンスが多いです。都会にいるうちに、いろんな人から仕事をもらえるコネクションを作って、好きな街に刺激を持って帰ったり、ゆっくりと生活のバランスを取りながら暮らすのはカッコイイと思います。だけど、一度もマスに向かって勝負していないのに、都会は終わったみたいな発言をするのはダサいなぁと思う。「この街が好きだからやってます」ならいいんだけど、「この街にいないヤツらはアホ」みたいな言われ方をされるとね。なんでそっちの価値観を押しつけられなきゃいけないんだよって。

クリエイターやアーティストのすべての原動力は「コンプレックス（劣等感）」だと思っています。これは、アウェイで恥をかくことでしか伸びないです。「鉄は熱いうちに打て」という諺があるけれど、鉄が熱いのは若いうちだけで、オジサン・オバサンになってからだと叩いても折れちゃうし、アウェイに行く勇気がなくなってしまいます。ヒトが多い都会は、それだけアウェイがたくさんあります。

　また、誰かに仕事をお願いするときに「空気の共有ができている人」という大切な条件があります。才能があるけど遠くの人よりも、そこそこの才能で近くにいる人にお願いしたくなるのは、コネとか談合とか言われるかもだけど、当然の人間心理です。この空気の部分だけはそばにいないと感じられないので、やっぱりたくさんの人と触れあっておくのは大切だと思いますよ。誰とも会わずに隠居みたいに製作をするなら別だけど、プロのデザイナーとして食っていきたいのなら、ね。

会社を選ぶ基準は、前者も後者もどっこいどっこいだなぁ。得られるカネというモノサシ次第じゃないでしょうか？　カネはガマン代でしかないです。カネは愛です。会社がどれだけキミを愛しているかが具現化されたものです。

仕事がハードでも、カネがたくさんもらえるならガマンできると思うし、楽しければカネをそんなもらえなくてもまぁ別にいいよね（俺はそうだけど、君はどう？）。すべてのカネはガマン代なのです。ワりがあうか？　あわないか？　それだけです。ただし、時間をカネで節約することはできても（未来の時間を買うことはできても）、時間を取り戻すことだけはできません。そこを重点に置いて考えてみましょう。

Q&A

今の仕事はワリがあうか、
あわないか。
考えてみよう

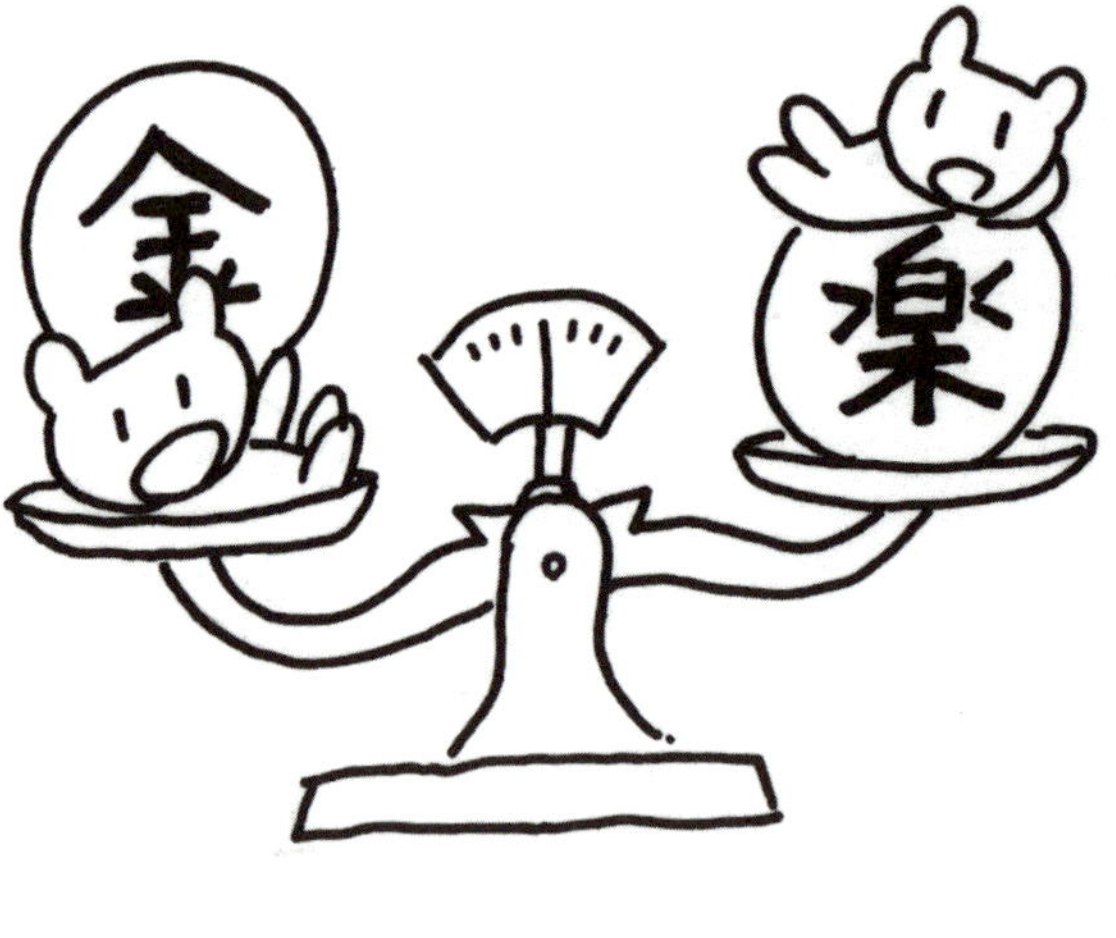

精神論ばかり説いてくる上司がキツイです

Q：新卒で大きめの企業に勤めています。給料や福利厚生はよいのですが、いかんせん仕事がキツく、上司にそのことを伝えても「新卒なんだし、気持ちで乗り切らなきゃ」みたいな精神論ばかりで具体的な対策を何も行ってくれません。このまま会社にいてよいものか悩みます。

A：労働収入での給料というのはガマン代なので、給料と楽しさとやりがいを足して、労働時間を加味してワリがあうかという視点から考えるべきかと思います。

そして、自分の芯を見誤らないことです。あなたは仕事が楽しいから・何かを作りたいから・誰かに褒められたいから会社にいるのか、それともお金が欲しいから会社にいるのか。もし、仕事が楽しいから会社にいるのなら、キツさを少しでも減らせるように会社の近くへ引っ越して通勤時間を減らすとか、ちょっといいスーツを買って気分を高めるとか、楽しく仕事ができる部分を掘り下げてみましょう。お金が欲しいから会社にいるのなら、副業を考えるべき。収入源が増えれば、会社に拘束される理由を減らすことができます。

トラブルへの対策を考えずに精神論を出されたり、新卒に対して「経営者的な視点を持て！」とか、「仕事に責任を持て！」とか言ってくる上司ってヘンだよなと思います。都合がいいときだけ「全員が経営者」とか言って、給料は社長と新卒とぜんぜん違うなんておかしな話です。

でも、精神論を持ち出す上司が多いのも悲しい事実として存在しています。それは、彼らの時代は「知識」が価値を持っていた時代だったので、「仕事は身体で覚える」みたいな古い価値観にすがっているところがあるんです。でもいまの時代は「知識」の価値なんてなく、知識を使いこなす「知恵」の時代です。社会全体が成果主義になってきているんだから、情熱だけ見せられても通用しません。たとえば転職するときに「前職では残業を100時間やっていました!」ってアピールされても、お、おう・・・って感じだよね（笑）。

知恵を使っていきましょう。そこで大切なのは、自分の芯を見誤らないことです。

人間って多少はムリが効くように作られているけど、ダメージはリセットしていかないと蓄積していきます。昨日までバリバリ働いていた人が、ある日いきなり出社しなくなったなんていう話はたくさんあって、鬱病の怖いところっていきなり来るんだよね。え？　俺が？みたいな感じで、朝起きても身体が動かせずに布団から出られなかったり、どこも悪くないのに頭痛が止まらなかったり。

いろんな攻略方法、逃げ道を作っておいて、定期的に自分のことを見直して、ムリが爆発しないようにね。

根性論はもう古い

Q&A

趣味は仕事にすべき？

Q：好きでもない仕事でも思い入れを持ってこなしていくには、どうしたらよいでしょうか？　いまやっている仕事にはどうしても思い入れが持てません。かといって、趣味を仕事にすることは、うまくいかなかったときのことを考えると怖いです。どうすれば楽しく仕事をこなせるのでしょうか？　趣味は仕事にすべきですか？

A：まず、イヤなことは極力やらない方がいいです。どうしてもやらなきゃならない状況なら、もうひたすら淡々とやることです。思い入れを持つ必要なんてないです。淡々とカネのためと思って、すべての給与やギャラはガマン代と言い聞かせてやりましょう。もちろん、手を抜いてやるというのではなく、プロとしてこなす、という意識は大切です。

その「好きでもない仕事」は、儲かる仕事でしょうか？　そうであれば、そこで儲かったお金を使って好きなことをやればいいと思います。「儲からないし、好きでもない仕事」なら、そもそもすべきじゃないです。まぁ、儲かって楽しい仕事の他には、楽しくない仕事しかないですよ。

お金で幸せにはなれるとは限りませんが、確実に多くの不幸は回避でき、多くのチャンスに出会うことができます。意外と「お金を稼ぐのは悪」とか、「株や投資は金持ちのマネーゲームで悪」みたいな思考停止をしている人もいますが、この世界を支えているのはお金という信頼関係であることは疑う余地のない事実です。

「私はこんなことをやるために会社にいるんじゃない」みたいな感じでフテ腐れて仕事してもなにも楽しくないし、周囲にいる他の人には不快感を与えるだけだし、そんなのだと評価もされないし、すべてが非効率なわけです。どうすれば楽しく仕事ができるかという答えのヒントは「効率化」だと思います。誰でもラクにお金を稼ぎたいので、いかに効率化するか？　を思考停止しないようにして考え続けてみてください。そうやって仕事に対する捉え方を変えることが、好きでもない仕事を楽しくやる方法です。思い入れを持つ必要なんてないですが、楽しくやるのは精神の健康のために必要です。

趣味を仕事にしてしまうと趣味じゃなくなるし、もしそれで仕事がうまく行かなければ、せっかく好きだったことでも嫌いになってしまいます。趣味を失うというリスクを負えないなら、趣味を仕事にしようなんてことは考えないのが一番です。「好きなこと」で仕事をして食っていかなきゃいけないなんていう強迫観念がみんな強いのかなぁ。好きなことじゃなく「得意」なことで食えばいいんじゃない？んで、好きなことを自由にやればハッピーじゃないのかな。インターネットのおかげで、趣味でやっていても発信を継続していれば、「あわよくば」が狙える時代なんだし。得意なことでメシを食い、好きなことをやる。これで全然いいじゃないですか。

得意なことで稼ぎ、好きなことをやる生き方もある

一歩踏み出す勇気が欲しいです

Q：どんなものに対しても、一歩踏み出すことができません。朝起きることからバイトの応募のようなことまで、踏み出した方が自分にとっては得になると分かっているんですけど、踏み出るのが怖くてたまりません。何を怖がっているのか分からないけど、怖いんです。本を読んだりもしているけど、この性格を変えたいです。

A：これはですね、新しい世界に行くのが怖いだけなんですよね。いままでは新しい世界すら見てなかったんです。でも、変わろうと決めた。でも、変わってみたら、猛獣とか崖っぷちだらけなことに気がついた。そりゃ怖いわな。それはすごい怖いですよね。だから行動に移せないんです。だからどうしようって、別に根性論で「がんばれよ」って言うのは簡単なんだけど、魔法の合言葉を伝えますね。

「ま、死ぬわけじゃねえし」、「ま、殺されるわけじゃねえし」。

これから、人生に詰まったり、「もうだめだー」って思ったトラブルのときはこう思ってください。**「ま、死ぬわけじゃねえし」**って。

アナタが怖がっているのは、新しい世界が見えちゃったからだよね。怖がれるってことは、世間に対して、下を向いていたのを、ハッと顔を上げたからです。でもそれって大進化です。だから、別に性格を変える必要はないです。「どうしたら怖がらずにいけるか?」っていう「方法」を考えてみてください。本を読んでいるという自分に自信を持つこととか、ね。

本を読むときにオススメなのは失敗した人の本です。引きこもりがどうこうとか、そういった人の本を読んでください。自信がないときに、成功した人の本を読むともっともっと自信がなくなります。だから、失敗した人の言っていることを信じてください。失敗談をかたっぱしから探してください。

ジャンプするにはしゃがまなきゃ。だから「分かりません」ってときは、新しい世界へ行くことです。それに対する打ち手というのは、まず本を読む。あとは、一歩踏み出した方がいいってことが分かっているんだから大丈夫。で、魔法の呪文を唱えてください。

「ま、死ぬわけじゃねえし」、**「ま、殺されるわけじゃねえし」**。

後もう1個ありました。**「もう二度と会わないし」**。たとえば、すげー豪華な高級ブランドショップに入る。足がすくむよね。でも「ま、二度と会うわけじゃねえし」って思うと入れるんじゃない? 別に高級ブランドショップでボコボコにされるわけでもないし。そうです。死ぬこと以外はリスクじゃありません。死んだらそこでおしまいです。なので、この3つの言葉を覚えておいてください。

俺は「がんばれ」とか「気合だ」、とかは言いません。大嫌いな言葉です。あ、でも浜口京子選手のお父さん、アニマル浜口さんは好きですよ。あれは芸風ですから。

死ぬ準備はしておくべき
だけど、カンタンに
死ぬべきじゃない。

コケても死ぬわけでもない
から失敗を恐れないように
しよう

Hidetwo Da SENSEI
ready todie

止まっているときよりも動いているときの方が雨風は強く感じられる。だけど、それこそが動いている証拠なんだ。上手に

切り抜けて、まだ見たことのない世界へと進んでいこう。

chapter3

chapter3

01

自分の欲望を世間の願望にしてみよう

やりたいことは分かっているんだけど、とても自分の力だけじゃ実現できそうにない・・・というときは、諦める前に自分の欲望を世間の願望にすり替えることを考えてみましょう。

幸村誠さんの『プラネテス』というマンガからのエピソードなんですが、ヴェルナー・フォン・ブラウンという科学者がいました。第二次大戦中はドイツで「V2ロケット」という、ロケットミサイルの開発をやって、戦後はアメリカへ亡命してNASAで働き、月面探査用のロケットを開発していました。この人、巨大なものを飛ばすのが本当に好きだったんです。だけど、ロケットを飛ばすなんてことは個人レベルでやれることじゃないから、あるときは軍事用に、あるときは月面探査用に、うまいこと「すり替え」して、実現していたんですね。

これはすごく重要なアプローチ方法です。なにか自分がやりたい！という欲望があったとして、それが世間から支持されるにはどうしたらよいか。どういう広め方をすれば支持されるか。うまいこと「すり替え」して伝える知恵を持つことが大切です。

たとえば、クラウドファンディングっていう仕組みがあって、誰でも資金を集められるようになっています。だけど、そういうところで「車が欲しい！」って言っても、誰も支持してくれないよね。でも、「産地直送の野菜を車で販売します！」って言えば、結構いけそうな気がしませんか？

自分の欲望を世間の願望にすり替えることを考えると、自分の欲望を客観的に見つめ直し、さらにまったく知らない誰かに共感してもらうために説明できるようになります。できない！　と嘆くんじゃなく、分かってもらえない！　とムカつくんじゃなく、考えていけるようになります。

会社のリーダーというのも同じです。個人の欲望（給料を高くして欲しい）を組織の願望（売り上げを伸ばしたい）にすり替えて、「売り上げが伸びたら給料が高くなるよ」という気持ちにさせることがリーダーには必要です。

ブラック企業って言葉があるけれど、会社の組織概念を理解した上で、「給与よりも経験値重視」を納得して入った会社はブラック企業とはいいません。某有名アニメスタジオは初任給16万程度らしいですが、手厚い福利厚生があって、対象としているマーケットは全世界、あの監督と仕事ができるなんて。俺はお金払ってでも行きたいです。「ブラック企業かは　いつも自分のこころが決める」です。

最後にひとつだけ。自分の欲望を世界の願望へすり替えるとき、美辞麗句で飾ったウソや、誰かを批判することで自分を上に見せるようなやり方は、すべきではないと思います。「俺たちは前世からつながっていたソウルメイトだったんだよ！　俺に金を出さないと末代までカルマがついて来るよ！」みたいなこととか、一度も都会で勝負したことがないのに「東京はすでに終わっている」なんてことを言う人は・・信用しづらいですよね。

私のやりたいことは特殊すぎるから誰も認めてくれそうにない？ それはそれで大チャンスです。そこを切り開けば、あなたは誰よりも先に「オリジネーター」になれます。オリジネーターは後から覆ることのない称号です。大切なのは思考停止しないこと。たくさん考えてみましょう。

うまく「すり替える」ための知恵を持とう

自分の欲望を
みんなの欲望にすりかえる

chapter3

02

がむしゃらより効率よく終わらせよう

がんばって仕事をしているのに評価されない、クリエイティブを続けているのに世間が振り向いてくれない、時間ばかりが過ぎていく……気がつくと、人生の主導権はどんどん自分の中から離れていきます。

がんばることをすべて否定はしませんが、「がむしゃらな姿勢」だけで評価される時代は残念ながら終わってしまいました。

知識の詰め込みではなく、知恵が大切な時代では知恵を使った「効率」が求められます。いままでだったら「1万時間かけてでも覚えろ」という感じだったのが、「いやもう、覚えなくていいから、調べながらでもいいからやって」というように、知識から知恵へと変わってきました。

知識から知恵の時代に変化したのだから、頭をしっかり動かして、「終わらせること」を意識して、効率よく時間を活用してみましょう。

「効率よく」というのは、何にも難しいことではありません。「終わらせること」を意識すればいいんです。これは特に、新社会人が気をつけるポイントです。新社会人だと仕事のやり方がよく分からないし、成果をどうアピールしてよいか分からないから、とりあえず「がむしゃらな姿勢」だけを見せがちです。「2時間しか寝てないわー」という、それ自慢でもなんでもないから！　という自虐的な発想です。仕事に取り組む前に「どこまでやれば終わりなのか」をきちんと確認しておきましょう。誰かと会うときやミーティングも同じです。「13時から会おう」ではなく、終わりの時間も決めて「13時から15時まで会おう」という状態にしておかないと、予定はどんどん後ろ側へとずれてしまいます。

そして、「がむしゃらな姿勢」を美しいものと考えているオトナや会社は、ちょっと怪しんだ方がよいです。

「たくさんの人に迷惑をかけたけどなんとか完成しました！」とか泣きながらスピーチされても、いやそれ、美談じゃないから。反省と改善をすべきだから。感情豊かに生きることはもちろん大切だけど、感情の動かし方を間違えてしまうと、気がつかないうちに他人に振り回されることになります。そういう組織だと、淡々とそつなく完成度の高い仕事をこなす職人みたいな人は評価されず、大きな声で騒いでかき回す人ばかりが注目されてしまいます。声が大きい方が強いって、暴力が暴力を支配するような世界、マッドマックスの世界ですよ。そういう組織からは優秀な人がどんどん抜け出していって、最後に残るのは声が大きいだけの愚衆です。

「効率よく」というのは、人生の時間配分においても大切です。

仕事も人生も、いつか終了します。がむしゃらにやるだけじゃなく、効率よく終わらせて達成感のある（達成感というのは達成したから得られる感覚です）人生にしていきましょう。

今日はどれだけのことを完了させられたでしょう。紙に書いて机に貼っておいてもよいと思います。完了できたものが多ければ多いほど、それはあなたの自信につながり、未来へと導いてくれます。

フェイスブックCEO
マーク・ザッカーバーグも
「終わらせる」大切さを語った

chapter3

03

作る・広める・売るのを均等にしよう

03 作る・広める・売るのを均等にしよう

情報革命後の世界においては、商品やサービスの広まり方・売れ方が変わりました。20年前なら、どんな商品でもテレビで宣伝すれば売れていました。10年前なら有名人のブログで紹介すれば流行っていると思われていました。だけど、いまはもっと複雑な時代です。

商品やサービスといったクリエイティブは**「作る・広める・売る」**の3つの点から成立しています。この中で、以前は「広める」の度合いがとにかく強かったんです。イマイチな商品でも、広められたら売れていた。いまはこの割合がすべて等分です。イマイチな商品をいくら広めても売れません。いい商品でも、広められないと売れません。それぞれをバランスよくコントロールしていくことが大切です。**「作る・広める・売る」の3つは、それぞれ33点ずつ**持っているのです。

この3つがそれぞれ満点になると具体的にはどんな感じかというと、

作って売って合計66点：ニッチなマーケットをしっかり掴んでいる。ニッチなマーケットからソッポを向かれると大変

作って広めて合計66点：売れてなくてもそこそこ評価されて楽しい。しかし成長しづらい

広めて売って合計66点：分かっている人たちからは「なんであれが売れてるの？」と疑問視されている。買っている人たちは大満足

なんとなくイメージできますでしょうか。

そしてこれは、人間についても同じことが言えます。

自分を誰かに売り込みたい時（就職や恋人探しとかね）、いくら自分の完成度が高くても上手に広める（伝える）ことができなければ、うまくいきません。かといって、世渡り上手なら出世していけるような単純な時代でもなくなっています。

個人を伝えるツールって何でしょうか？　履歴書やポートフォリオ、そしてSNSなどの人間関係です。仕事とプライベートを分けたいなら、SNSのアカウントも複数作っておくべきです。ネットの世界はあなたが考える以上に、あなたのことが見られています。

あなたという人間は「作る・広める・売る」の3つが等分で判断されています。逆に言うと、**それぞれが33点ずつ以上には増えません。**自分を作ることだけに夢中になっていてもダメだし、広めることだけでもダメです。誰かひとりに媚びていても、陰口を叩かれるかもです。

それぞれ33点ずつ。それ以上は増えないからバランスよくやっていきましょう。そして、**残りの1点は「運」**です。運は確実にあります。運はいつでも状況を左右します。でも、1点しかないのも、運です。運がないからダメだって言ってる人はウソです。99点とれる可能性があるはずです。作る広める売る。あと1点は運。運があります。1点だけね。

自分に足らないところを考えてみましょう。自分が力を入れすぎているところを考えてみましょう。

そして、まわりでうまいことやっている人がいれば、そこからどんどん吸収してみましょう。あの人は「作る・広める・売る」のどのポイントが高い人なんだろう？と考えて、どうしてそのポイントが高いのかを推測して、マネしてみましょう。

うまくやっている人を批判するのは簡単ですが、批判して得られるのは自己満足と、いつかその人と関わることになったときの気まずい空気だけです。うまくやっている人から吸収していきましょう。

運は1点はあるけど、
1点しかない

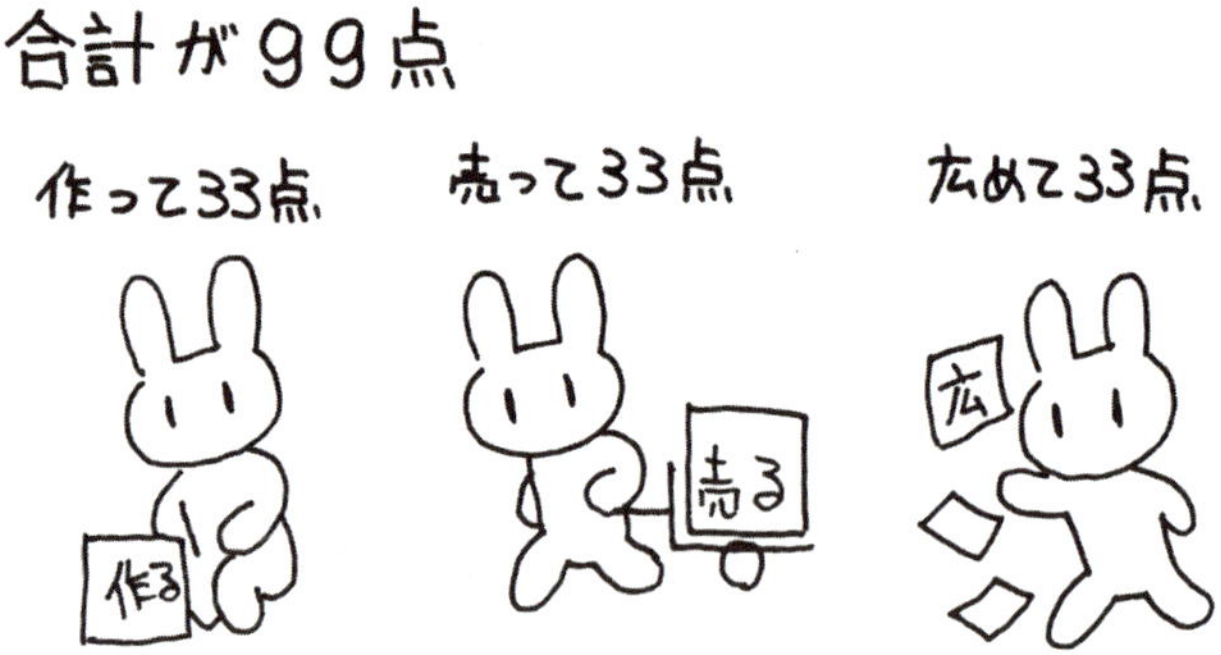

chapter3

04

みんな教に惑わされないようにしよう

インターネットに24時間いつでもどこでもつながっているのが当たり前の時代になって、SNSを使っているのが当たり前の時代になって、「みんな」という存在がとても大きくなりました。あなた以外のすべての存在、「みんな」です。

みんなからいいね！されたい、みんなから素敵と言われたい。誰もが「みんな」を意識して行動するようになりました。旅先の出来事やイベントの写真をせっせと投稿するようになりました。でも、「みんな」って何なのでしょう。「誰か」なら、あると思うのだけど、「みんな」って、それ自分が作り出した幻影じゃない？　と思うのです。宗教みたいなものですよね。教祖も神もいないし、誰も救われないけれど。

「誰か」のことは考えるべきだと思います。だけど、「みんな」のことは考えなくていいです。ソーシャルの場において、そんなに他人はあなたのことを見ていません。楽しかったパーティーの写真が見られるのは1秒くらいです。アップしたり加工したりの時間の方が長いよね、それ。

その一方で、SNSにヘンな投稿をしたために「炎上」してしまう騒ぎもよく起こっています。ネットを活用した私刑、リンチ、いじめです。でもこれも、「みんな」に見て欲しいから、ムチャなことをやっているのだと思います（中には「誰か」に見せるつもりだったけどうっかり「みんな」に流れてしまったというのもあるだろうけど）。予想していたのとは違う「みんな」の反応が返ってきて炎上してしまったというわけですね。

誰かのためには頭を使ったり悩んだり行動したりするべきです。だけど、みんなのためにはする必要はありません。多様性の時代に、みんなの意見に耳を傾けるのは、あまりに非効率です。国の政治家ならともかく、あなたの人生においてまわり全員の意見なんて平等に考えなくてよいのです。

みんなのことを考えて行動するのは、その他大勢・エキストラと同じです。他人の人生の脇役ではなく、自分の人生の主役を演じるためには、みんな教とは距離を置きましょう。考えるのは、誰かのことで十分です。

誰がそう言ってたの？　みんな？　じゃ、その人の名前を全部挙げてみて。どのくらいいる？　じゃ、その人たちと会ってみよう。**みんななんて、本当は存在していないんです。**

「みんな教」なんて存在しない

chapter3

05

メンターから騙されないようにしよう

「メンター」という存在がもてはやされています。人生や仕事などを精神的にサポート・指導する役割の人です。企業の中だと、入社3年目くらいの先輩が新入社員のメンターに任命されて、仕事の悩みなんかを聞くなんてこともあります。社食・社宅などの補助に加えて、精神的な面もサポートしていこうという動きは素晴らしいことだと思います。

そして、個人でもメンターという存在を探している人がたくさんいます。たしかに、悩んだときに相談できる相手がいるのはいいことですし、そのメンターが有名人なら、「私のメンターはダレソレです」と言われると、なんとなく安心感もあります。

その一方で、メンターという言葉を使って若者を食い物にしようとしているオトナも登場してきました。「自己啓発」という言葉が搾取ビジネスの代名詞みたいになってしまったため、「メンター」という甘い言葉に代えて近づいてくるオトナたちです。

あなたの人生を一緒に切り開いてくれるメンターと、うまいこと言って搾取しようとする悪いメンター、巧妙に仕組まれたネットワークビジネス、悪意のない無知を見極めてみましょう。ポイントは3つあります。

まず、タダ働きさせられないこと。その人のそばにいられるんだからタダでもいいと思うかもだけど、それはあなたが何もせずに吸収だけするときの話（たとえば講演会やセミナーを聞いているときだけ）です。なにか仕事を手伝ったり一緒に作業するのであれば、ギャラを受け取るべきです。

そして、仕事の結果をすべて自分のものにしないこと。あなたが作ったものは、当然あなたの手柄です。そこで「一歩引く」ことをやってくれるメンターはあなたを伸ばしてくれますが、まるで自分の手柄のようにして前に立ちふさがるメンターはジャマなだけです。

最後に、自分以外の第三者を紹介してくれること。なるべく畑違いの人を紹介されると安心です。誰にも会わせようとしなかったり、会わせても「いつもお世話になっている先輩」みたいなのばかりだったら、搾取の親玉が増えるだけかもです。

自分の人生をサポートしてもらうつもりが、相手の人生をサポートしていたなんていうことがないように、メンター選びは気をつけましょう。1日の長さはお互いに対等の24時間しかありません。そこは平等です。平等であるときに怖じ気づいたり遠慮することはありません。

本当に残念ながら若者を食い物にしようと企んでいるオトナというのは存在します。本人は無自覚かもだけど。スキルエクスチェンジとか耳障りのよいカタカナで近づいてきて、おいしいところだけ吸い取られないように、いろんなタイミングで立ち止まって振り返ってみて、危ないと感じたときは義理とか人情を気にせずに自分がやりたいようにやってみましょう。オトナは、持ち上げるときも落とすときも早いですよ。

本物のメンターを見抜こう

chapter3

06

誘われたとき加わらない勇気を持とう

06 誘われたとき加わらない勇気を持とう

あんまり気が乗らないイベントや飲み会の誘いは勇気を持って断ってみましょう。すべての付き合いに対応できるほど、あなたの人生は悠長に作られていません。

たとえ後日、フェイスブックに「すごい楽しかったー」という投稿がアップされたとしても、後悔しなくて大丈夫です。イベントなんてだいたい楽しいものです。楽しくない方がどうかしています。

そこにあえて加わらず、自分が思うままに、自分だけの時間を過ごしてみること。

連投されるフェイスブックのイベント招待の数が、あなたの信用を表すわけではありません。

もし、どこかの企業や人物が「一緒におもしろいことやりましょう」と連絡してきたときにも、「何かになりたい若者」を食い物にしようとしている輩や、使い捨ての鉄砲玉としてあなたを使おうとしている輩が少なからずいることを知っておいて、慎重に行動すべきです。

まず大前提として、本当におもしろいことができる人は「一緒に」やらなくてもおもしろいんです。ひとりでも十分に芸が立っています。「一緒にやりましょう」というのは、だいたいにして「ひとりだとリスクがあるから、リスク回避のためにシールドになってください」というものです。

たとえば、バンドマンがライブハウスを借りてライブをする。ソロでも人気があるけど、もっとおもしろくしたいから一緒にやろうよ、という場合と、ソロだと会場費を支払うことができないから一緒にやろうよ、だとまったく違います。そういう人と一緒に組んでも、自分の力が薄められていくだけです。

また、誰かに学ぼうとするならば、その師匠・先生がどんなタイプなのかしっかり見極めることが大切です。**先生にはパンダ、オオカミ、負け犬の3つのタイプがあります。**

パンダタイプ

ギョーカイでも有名な感じの、成功している先生です。成功しているから先生という職業も趣味でやっていますます。パンダはカワイイ。パンダはとてもよいです。ところがパンダはパンダです。生まれながらにパンダです。クマは途中からパンダになれません。だからあまり参考にはならないのがパンダです。ただ、その世界を知るための刺激にはなります。

オオカミタイプ

世間の知名度はないけれど、教育者というプライドを持っていて、テクニックがすごかったり、人間性が豊かだったり、尊敬できる対象です。

負け犬タイプ

成功できなかったから先生になった、食えなかったから先生になる人もいます。日本ではこのパターンが非常に多いです。自分は成功したことがないのに、成功するクリエイターを育てようとしている。大物アーティストとのツーショット写真を見せてきたら要注意。「カネは後からついてくる」っていう言葉が好きですが、だいたいついて来ません。こういう先生はタダ働きさせるのも大好きです。

パンダ先生から刺激を受けて、オオカミ先生からテクニックを教えてもらって、負け犬タイプには関わらないのが一番です。

ものすごくシンプルに言うと、将来の自分よりも貧乏そうな師匠を選んだ段階で、それ以上は絶対にいけないです。見たこともない世界を案内できる人はいません。

ひとりだと不安になるから誘われたい、誘ってもらわないと寂しい、カッコ悪い。本当にそうでしょうか。そこで「かりそめの」時間を過ごすことで、適当な先生について行くことで、人生の主導権はどんどん失われていきます。

「誰かいない？」という存在になるより、「あなたにいて欲しい」という存在を目指してみましょう。そのためにはまず、誘われたときに加わらない勇気を持って、自分が思うままに、自分だけの時間を過ごしてみることです。

自分の先生は（メンター）は
どのタイプ？

chapter3

07

パーティーを集めてパーティーしよう

パーティーを集めてパーティーしよう

自分の人生に主導権を持って楽しく生きていくための明快な方法のひとつは、自分で楽しいことをやることです。持ち寄りのホームパーティーでもいいし、DJイベントでもいいし、趣味をお披露目する会だっていいでしょう。

そして、これもしたい！　あれもしたい！　ってなったとき、絶対にひとりでは手が回らなくなっていきます。楽しい輪は広げていくべき。手が足りないときは仲間を呼びましょう。RPGみたいに「パーティー（仲間）」を作って「パーティー（宴会）」を始めるんです。こういうときにSNSはとても便利です。おもしろいことを発信し、魅力的な人がいたら声をかけてみましょう。

おもしろいことを見えるところ（ブログとかイベント会場とか）でおもしろーい！　って大騒ぎしながらやってると、自然におもしろい人が集まってきます。おもしろい人を集めたいなら、おもしろい人と出会いたいなら、おもしろい場所へ行くのもてっとり早いです。近所のスーパーで出会える人と、絶海の孤島で出会える人だと、やっぱり絶海の孤島で出会える人の方がおもしろい確率が高いし、意気投合しやすいです。ＲＰＧで貴重なお宝は分かりにくい場所に置いてあるのと同じです。

だけど、おもしろいことを長く続けていると「おもしろいと思っているだけのおもしろくない人」も集まってきます。こういった人を入れてしまうと、自分の貴重な時間を奪い、おもしろい仲間のモチベーションが下がり、最終的にはプロジェクトの崩壊につながります。キミがマジメで善人であるほど、メンバーを入れるより外す方がはるかに苦労を伴います。自分よりヘタな人と組んで得られるのって、優越感だけです。

アップルの創業者・スティーブ・ジョブズも「弱い味方は潜在的な敵である」と言ってました。無能に付き合う優しさは、リーダーが一番してはいけないこと。キミが無能な人に時間をさけばさくほど、有能な人は失望して離れていきます。

パーティーにはメリットとデメリットがあります。優秀な人たちの集まりなら、ひとりではできなかったようなことがどんどん実現していきます。だけど、無能な集まりなら、その尻ぬぐいばかりになってしまいます。あたかも、ＲＰＧであなただけレベル50なのに他はレベル3くらいで、すぐ死んじゃうから冒険できないような感じです。死んでないでさっさとレベルアップしてよ！　って思っても、なかなかうまくいかないものです。

そういうときはどうするか。パーティーを解散するんです。いまの時代は、すぐにパーティーを作ることができます。居心地が悪いところへムリして所属しているのは、とてももったいないです。新しいパーティーを作っていきましょう。

行き詰まったら、いまある手駒《てごま》をじっとよく見てみましょう。ほとんどの場合、足りないのではなく、多いのです。過剰なメンバー、肥大した組織、膨れ上がる固定費、増えるミーティング・・・すべてが悪い方向に進んでいく。プロジェクトも組織も人の集合体である以上は、どんな「人」にどんな「ポジション」を与えるかがすべてです。

色は混ぜすぎると汚れてくる。人間も同じです。

倒せる敵が大きくなる

パーティーを
組もう

chapter3

08

手段と目的と初期衝動を大切にしよう

定期的なタイミング（たとえば3ヶ月おきとか）に、自分がいまやっていることは、「手段と目的」がズレていないか？　ということを確認してみましょう。

たとえば、生活のために仕事をしているのか、仕事のために生活をしているのか。一緒にいたいから付き合っているのか、付き合っているから一緒にいるのか。学生だから勉強しているのか、勉強するために学生でいるのか。

手段と目的を明確に意識しておけば、他人や世間に惑わされる危険性や、うっかり道に迷ってしまう危険性を減らすことができます。

また、目的が明確にあれば、手段はいろいろと切り替えられます。たとえば、生活のための仕事なら、生活のコストを下げたり、副収入のことを考えられます。仕事のために生活をしているなら（このことを否定しているわけではないです。一生に一度は本気で仕事に取り組むのもいい経験です）、会社の近くに引っ越しをしたり、ちょっといいスーツを買ったり、恋人や親にもそのことをしっかり伝えておけます。

そこが曖昧だと、中途半端な場所に中途半端に高い家賃の家を借りてしまい、着ることのない洋服をつい買ってしまい、恋人や親から将来のことを面倒くさく尋ねられてしまいます。

この「目的」が、あなたの芯となり、キャラクターを作り上げていきます。手段を伝えても、キャラクターは伝わりません。たとえば、「会社員をやってます！」とか「大学に通っています！」と言われるよりも、「大きな家に住みたいので仕事しています！」とか「将来は司法書士になりたいので勉強しています！」の方が分かりやすいよね。

「そんな難しいこと言われても、何かをやりたいかなんて分からない。とりあえず会社員をやっている」でも、いいと思います。それはあなたが「会社員をやりたいので仕事をしています！」ということです。もし、それだとちょっと違うかなと思ったときが来たら、別の手段を考えればいいだけです。

ちょっと矛盾して聞こえるかもだけど、俺は決して「すべて目的を定めてからスタートした方がいい」とは思っていません。逆にそこで目的を考えすぎるばかりに、初期衝動的な勢いがなくなるのはもったいないです。大声で歌いたいからロックバンドを始めた、なんていうのもカッコイイじゃないですか。

ただ、いろんなタイミングで「いまやっていることは手段なのか、目的なのか」を考えておいて欲しいなと思います。走って行く先を間違えないためにも、ね。

初期衝動は最強

（ただし持続しにくい）

09

さぁ、人生に主導権を取り戻してみよう

さぁ、ここまでたくさんのことを書いてきました。

いまは知識の価値がなくなり、知識を活用する知恵の時代になったこと。お金は愛のものさしであること。理解するより把握が大切なこと。作る・広める・売るは33点ずつであること・・・。

いずれも、人生に主導権を取り戻すために必要なことです。

主導権って何だろう？　自分の人生なのに、なぜそんなことを意識する必要があるのだろう？

それは、あなたの人生を本当に自分自身で楽しみ・苦しみ・考えながら生きていくために必要だからです。

昔であれば、毎日がんばって仕事をしていれば自然と給料は上がっていきました。いまはもう、上がりません。

では、いまの時代はかわいそうな時代でしょうか? 老人たちが勝ち組で、私たちは老人に搾取されるだけの負け組でしょうか?

俺はそうは思いません。いつだって明日の方が優れていると思います。

昔であれば、結婚や離婚が自由とは言えませんでした。会社を辞めることや、起業すること、株を買うこと、すべてがとても大変でした。海外旅行に行くこと、ましてや世界一周なんて、一般人ができることではありませんでした。

いまはたくさんの自由がある時代です。

だけど、自由であるがために方向性を見失ってしまったり、誰かに勝手に方向を定められてしまう恐れがあります。それをコントロールすることが、人生に主導権を取り戻すということです。

最初に、いまの時代は知識に価値がなくなったことを書きました。

では、この次にやってくる時代はどんな時代でしょう。確実にやってくるのは「単純労働に価値がなくなる時代」です。「覚えるだけの知識」に価値がなくなった次は「動くだけの労働」の価値が、確実になくなります。

先日、2020年までにタクシーの自動運転化を目指すという発表がありました。自動車業界は各社で自動運転を研究しています。ロボット技術もどんどん向上しているし、肉体をサポートしてくれる「パワードスーツ」のようなものも実用化され、筋力がない女性でも重たい荷物を楽々と持ち上げることができるようになりました。

「体力はあります！　なんでもやります！」だけでは、仕事にありつけない時代が近づいているんです。さらに知恵が求められるようになります。

人生に主導権を取り戻しておくことは、これからの時代を不幸に生きないためにも大切です。

誰に強制されるでもなく、自分の好きなことを追求できる時代。素晴らしいじゃないですか。大きな波だけど、波に飲み込まれて溺れてしまうのではなく、サーフボードに乗って遠くまで行きましょう。

私の会社ってブラック企業？

Q：自分が働いている会社は残業が多く、会社に泊まることもよくあります。友達や親はブラック企業だと言いますが、私は大好きです。まちがってますか？

A：**仕事なんて「ワリ」があえばいいんじゃないでしょうか。**その仕事の辛さや大変さと、もらっている給与と自分の満足度のバランスがとれているなら「ワリが合っている」と思います。ブラック企業か否かをきめるのは自分のココロだから、自分が満足していれば基本的には問題なくて、まわりが心配しても「大丈夫」って伝えておけばいいです。

ただし、ワリの合う・合わないを判断できないように洗脳してしまう会社はあります。残念ながら、それは確実にあります。洗脳をメソッド化して作為的にやっているところもあれば、無自覚にやっているところもあるので面倒くさいです。会社案内に仕事の内容や給与や勤務時間は詳しく書いていないのに、やたらと笑顔の社員の写真とか溢れている会社は危ない気がします。ビジネスプランを語る社長ならいいけど、「世界を変える」とか「生き方を創造する」みたいな夢ばかり語る社長とは、ビジネス以外で付き合った方がいいです。

もうひとつ、残業や泊まりのときはお金がきちんと支払われていいますか？　労働基準法では１週間40時間、１日８時間までしか働いてはならないと決められています。これを超える労働を法定時間外労働、いわゆる残業と呼びます。法定時間外労働をしているのに賃金がもらえていないのは労働基準法違反、つまり法律違反です。あなたが大好きな会社は違法なことを社員に強いていないですか？（ちなみに、経営者は管理監督者という扱いで残業代は発生しないので、社長がまだ残っているのに・・・みたいなのは気にしない方がいいです）

会社があなたを愛しているモノサシ、それがお金です。お金がきちんと出ているなら、会社はあなたを愛しているし、ブラック企業ではないですが、出ていないなら会社は違法なことをあなたに強いているし、あなたは洗脳されている危険があります。お金はキチンともらいましょう。**愛です。**

繰り返しますが、自分自身が決めることなので、ワリがあえばそれでいいです。好きな仕事や勉強になる仕事は安くてもやるでしょ？つまんない仕事でも沢山お金をくれるならやるでしょ？　**お金はわかりやすい愛のモノサシです。**

違法な状態になっていなくて、あなたが「ワリにあっている」と思うのなら、まわりの意見は気にすることないです。だけど、そうじゃないなら一度立ち止まってしっかり考えてみましょう。

仕事に夢中になると暴走してしまいます

Q：私は仕事に夢中になるとまわりが全然見えなくなり、ひとりで暴走してしまって気がついたらまわりに迷惑をかけていることがよくあります。２日徹夜で作業した後に１日なにもできずに寝てるみたいな感じです。どうすればいいでしょうか？

A：いわゆる「無我夢中」という状態ですね。我を忘れるほどに夢中になっている状態。夢中になれるのっていいことだとイメージされているけど、実はエゴなんですよ。自分がやるしかない、自分ならできる、自分すごい、みたいなエゴです。エゴは過信につながります。それでうまくいけばいいんだけど、迷惑をかけているという実感があるのなら、まずはエゴイストになっていることを把握することからスタートしましょう。

トラブルの対処は理解ではなく、把握することから始まります。理解するのは辛くて大変なので「そうなんだなぁ」と状況を把握しましょう。そして「打ち手」を考えていきましょう。夢中になってしまうのはあなたの性格であり、性分なので、変えることはムリです。そこを悩むよりも打ち手です。

まず、自分の「無我夢中になりやすい」という性格を、まわりへ伝えてみましょう。意外とまわりの人は分かっていないか、いつか直ってくれるだろうと傍観しているものです。そして、まわりの人たちのことをもっと信頼して頼ってみましょう。あなたはどこかで「この仕事は私がやらなきゃ！」という気持ちがあり、まわりへ頼るのはカッコ悪いとか、頼った方が時間がかかるとか、身勝手な思い込みをしているのだと思います。夢中になれるほど会社や仕事が好きなんだったら、一緒に仕事をしている仲間を信頼して頼ってみましょう。

そして、本当に夢中になれるものがあるなら、起業した方がいいです。自分だけの会社にしてしまえば、暴走してもまわりへ迷惑はかかりません（取引先に迷惑がかかるかもだけど、そうしたら取引がなくなるだけです）。

もしそうじゃなくて、もうちょっと会社員として雇われてみんなで仕事をしていたいなら、自分を把握し、まわりを信用してみましょう。まわりへ迷惑をかけて申し訳ない、じゃなくて、まわりを信用していなくて申し訳ない、です。それはとても失礼なことですよ。

あとは、スケジュールを管理して終わらせることを意識しておきましょう。仕事というのは効率よく終わらせてナンボです。

暴走したけりゃ
起業する(のも手)

同僚が鬱病で会社に来なくなりました

Q：あいつは出世しそうだとウワサされていた優秀な同僚が、いきなり鬱病で会社に来なくなりました。なにかできることはないでしょうか？

A：俺自身、双極性障害（躁うつ病）なのでよく分かります。そういうときって「がんばれ！」とか「鬱は気持ち次第だよ！」とか「鬱なんて甘えだよ！」とは言えないし（言われるとツライ。俺もツラかった）、骨折した人に100メートル走れといっても走れないのと同じで、どうしたらいいのか悩みますよね。できることがあるとすれば「自分（あなた）が輝く」しかないです。

ヘタな言葉で励ますよりも、作家の村上龍さんも小説の中で触れていますが、輝いている人が近くにいるだけでその明るさが相手を照らしていきます。そのかわり、「ほら！　私はすごいでしょ！　あなたも元気だして！」みたいな、強制的な感じや、「人生は生きているだけで素晴らしいものだから！」のようなポジティブすぎる状態（ポジティブバカ）にはならないように気をつけて、あくまでも自分勝手に輝いてください。仕事をバリバリやるでもいいし、何か別のフィールドで活躍するでもいいです。

そして、今回の原因は恐らく会社（仕事）ですよね？　会社をなんとかしないと、問題の解決にはつながらないですよね。もしキッカケがつかめるのであれば、アドバイスはせずにただ聞いてあげる時間を作ってもいいかもです（同僚が会ってくれるならですが）。居酒屋とかじゃなく、もう少し静かな場所や行きなれた場所を選んで会ってみましょう。外に出るという行為はとても大切です。実際に街を歩き回りながら陣取り合戦を行うゲームの「イングレス」で鬱病が改善したなんていう話もあります。

鬱というのは、結局のところ自分との戦いです。しっかりとお医者さんにかかることから始めるように伝えてみましょう。いろんなお医者さんがいるから、なんとなく安心できない感じだったら他の病院に変えるのもアリです。

待っている側は、心配しすぎずに輝きながら待っているのが一番いいですよ。相手がひょっこり元気になったときに、あなたがボロボロだと悲しくなりますものね。留守の間は任せておけ！　くらいの気持ちで、待っておきましょう。

自分が元気でいれば
相手も元気にできる

epilogue

あとがきにかえて

２０１５年の冬、俺は京都精華大学での最後の授業を終えてから、この本を書き上げた。春に出会った学生たちと過ごす時間もあとわずか。

ライフ・イズ・ア・ジャーニー。季節のある国に産まれ、風のある場所を転々としている俺ですが、旅路の最中でふと思うことがある。人生って四季みたいだなぁ、と。

四季が巡り巡っていくのと同じように、人生も回り回っていく。心暖かい春も、暑さにハジける夏も、寂しい秋も、凍えそうな冬も。必ずやってくる。誰にだってやってくるんだ。

だけど、季節は巡る。冬の後には春があるように、明けない夜がないように。だから、凹んでる時はそれより下には行かないと言い聞かせてみよう。まぁ、死ぬわけじゃないしといつも思うべき。いつかは死ぬけどね、それはいつかのこと。

「メメント・モリ」という言葉があります。「死を意識する」というような難しいニュアンスで、芸術のモチーフにも用いられている言葉。

そう、肉体は遅かれ早かれ滅んでいきます。急がなくても、いつかは滅びます。だから、その日までは精神的にも物質的にも金銭的にも死にたくはないなと願う。

俺が持っているのはいままでの時間。彼らが持っているのはこれからの時間。お互いのいいところを寄せ合って、未来を模索できればなと。

紅葉も見たし、フトコロも気温も寒いのは苦手だし。はやく春こねぇかなぁ。花見しようぜ。満開の桜の下で。

２０１６年１月７日　徹夜明けの寒い朝に自宅にて

レコードのサンプリングの元ネタのクレジットとか読むのが好きなので俺の人格を作った本とか漫画を最後にあげてみようと思います。
（順不同・敬称略）

『アイデアのつくり方』ジェームス W. ヤング

『テニスボーイの憂鬱』村上 龍

『走れ！タカハシ』村上 龍

『すべてはモテるためである』二村ヒトシ

『なぜあなたは「愛してくれない人」を好きになるのか 』二村ヒトシ

『ぼくんち』西原理恵子

『プラテネス』幸村誠

『BE FREE ！』江川達也

『PINK』岡崎京子

『湯けむりスナイパー』松森 正・ひじかた憂峰

『オフィス北極星』真刈信二・中山昌亮

『エリーゼのために 忌野清志郎詩集 』忌野清志郎

ひでつうゼミ
http://hidetwo.com/

講師・講演・執筆のお問い合わせは
公式ウェブサイト「ひでつうゼミ」よりお願いします。

この本を読んだ感想を是非お寄せ下さい。今度はリアルで会いましょう。

Facebook『ひでつうゼミ』で検索

Twitter　@ HidetwoDaSensei

Instagram　@ HidetwoDaSensei

Synapse
ひでつうオンラインサロン
https://synapse.am/contents/monthly/hidetwo

Thanks to
編集の及川 忠宏さん、構成のマガリ企画さん、イラストの齋藤貴義さん。
デザインのダブリューデザインさん、チャンスをくれた 渡邊浩行くん、
快く推薦を OK してくれた 家入一真くん、片桐孝憲くん。
英訳タイトルをサポートしてくれたアントニオ神谷くん、Mamiko Kubota さん。
授業やテープ起こしをアシスタントしてくれた 小林万里奈さん、満永隆哉くん、
矢部椋くん、矢野博隆くん、是山善哉くん、金原由佳さん、付霞さん、天羽貴之くん、
山本翔二郎くん。スケジュールを管理してくれた妹尾優子さん。
本を書く刺激をくれた杉山ちえさん。そして支えてくれた家族達。

皆さんの力がなければこの本は完成しなかったです。
本当にありがとうございました。

人生に主導権を取り戻す90分の授業

2016年1月29日　発行

著者　高橋ひでつう
発行人　塩見正孝
発行所　株式会社三才ブックス
〒101-0041
東京都千代田区神田須田町2-6-5 OS85ビル3F & 4F
電話　03-3255-7995（代表）
FAX　03-5298-3520

印刷・製本　図書印刷株式会社

編集　及川忠宏
構成　合同会社マガリ企画
装丁　ダブリューデザイン
イラスト　齋藤貴義

ISBN978-4-86199-858-4
C0236
¥926E